dumont taschenbücher

CW01560343

Paul Maenz, geb. 1939, arbeitete in den 60er Jahren als Art Director in Frankfurt, Paris und New York. 1970–1990 Inhaber einer Galerie für die Kunst der internationalen Avantgarde in Köln. Verschiedene Veröffentlichungen zur Gegenwartskunst. Im DuMont Buchverlag sind erschienen: »Art & Language – Texte zum Phänomen Kunst und Sprache« (mit Gerd de Vries) und »Art Deco 1920–1940 – Formen zwischen zwei Kriegen« (DuMont Dokumente).

paul maenz
DIE 50er JAHRE
formen eines jahrzehnts

DuMont Buchverlag Köln

Umschlagillustration: Laufstegmodell *Orch.dee,* Paris ca. 1956
Frontispiz: Fernand Fonssagrives, *Lyrical Legs*, ca. 1951

© 1984 DuMont Buchverlag, Köln
überarbeitete Neuauflage der
1978 im Verlag Gerd Hatje, Stuttgart, erschienenen Ausgabe
4. Auflage 1990
Alle Rechte vorbehalten
Druck: Rasch, Bramsche
Buchbinderische Verarbeitung: Bramscher Buchbinder Betriebe

Printed in Germany   ISBN 3-7701-1655-0

Für Claude Frégnac, 1927–1977

inhalt

carlo mollino, 1946

»Wir bauen Versicherungspaläste, Burgen, als wären sie für tausend Jahre bestimmt – aber die taktischen Bombergeschwader sind schon in der Luft...«
– magnum

»Ladies and Gentlemen – ich möchte Ihnen jetzt einen Song bringen, der eine kleine, sehr vernünftige Geschichte erzählt: Awopbopaloobop-alopbamboom! Tutti frutti! All rootie! Tutti frutti! All rootie! Awopbopaloobop-alopbamboom!...«
– Elvis Presley

dank

Als die 50er Jahre zu Ende gingen, war ich knapp 20 Jahre alt. So gesehen, bin ich also ein Kind der Zeit. Meine anschließende, bewußt erlebte »ästhetische« Ausbildung hingegen – als Absolvent einer Werkkunstschule von 1959 bis 1964 – hatte nichts Wichtigeres zu tun, als die Erscheinungsformen der 50er Jahre zu diskreditieren: sie repräsentierten den schlechten Geschmack. Mich heute als Verfasser einer Dokumentation zu diesem Thema wiederzufinden, ist deshalb eine seltsame Erfahrung. Bei der Arbeit daran habe ich viel Unterstützung gefunden. Sie bestand aus Hinweisen, Auskünften und Bildern, ohne die – wie man so schön sagt – das Buch nicht möglich gewesen wäre. Das wäre es wirklich nicht. Künstler, Fotografen, Institute und Firmen haben ihre Unterlagen meist großzügig zur Verfügung gestellt. Mein Dank an sie ist der herzlichste. Da sie, wie ich weiß, ebensowenig eine Auflistung ihrer Namen erwarten wie die vielen Freunde und Personen, denen ich Auskünfte und Hinweise verdanke, seien sie hier nicht verschwiegen, sondern nur namentlich ungenannt – in der Hoffnung, daß das Ergebnis nicht jeden seiner Förderer gereuen möge. Aber so viele Formen es gegeben hat, die 50er Jahre zu erleben, so viele Formen gibt es wahrscheinlich auch, sie zu sehen.
– P. M.

1 *Das Vermächtnis des Krieges – eine deutsche Großstadt 1947; aus der großen* ▶
Fotodokumentation von Hermann Claasen über die Bombardierung Kölns

alexander calder. 1959

vorwort

Das widersprüchliche Lebensgefühl der 50er Jahre wurde von zwei gegensätzlichen Motiven bestimmt: der lähmenden Angst vor der Atombombe und der beflügelnden Aussicht auf bessere Lebensbedingungen nach einem schrecklichen Krieg. Dabei stellte sich die Wiederherstellung gesellschaftlicher und wirtschaftlicher Stabilität den Siegern anders dar als den Besiegten, die außer dem Dach über dem Kopf auch ihre moralische Identität verloren hatten. Sie sahen sich einer doppelten Aufgabe gegenüber: dem praktischen Wiederaufbau und dem Entwurf einer neuen gesellschaftlichen Verfassung – Aufgaben, die sie zudem noch in der Rolle des Schuldigen zu erfüllen hatten.

Parallel dazu veränderten sich die internationalen politischen Gewichtungen rapide. Binnen kurzem wurde der Konflikt zwischen demokratischer bzw. sozialistischer Welt auf der einen Seite und faschistischer auf der anderen abgelöst durch einen neuen. Scheinbar plötzlich und unerwartet standen sich als einander existentiell bedrohende Gegner Kommunismus und Kapitalismus gegenüber. Damit wurden dieselben militärischen Mächte, die sich im Krieg gegen den Faschismus verbündet hatten, zur apokalyptischen Bedrohung aller. Denn zum ersten Mal in der Geschichte hatte – durch die Atombombe – die kriegerische Potenz Dimensionen erreicht, die ihre Anwendung irreparabel machen würde.

Dies ist, in gröbsten Zügen, der bestimmende politische Hintergrund für den schwer faßbaren Zeitgeist der 50er Jahre. Aus ihm wurden die Dinge, die Formen geboren, denen dieser Band gewidmet ist. Und wenngleich ihre künstlerischen Wurzeln bis weit in die Vorkriegszeit zurückreichten, so konnten sie sich in ihrer spezifischen Erscheinung doch nur auf dem Hintergrund ihrer eigenen Zeit entfalten.

Unsere Betrachtung des Jahrzehnts beschränkt sich zweifach: auf die westliche Welt und die Formen, in denen sie sich darstellte. Dabei sind diese Formen an keinen Gegenstand gebunden. Trotzdem konzentriert sich unser Blick vor allem auf Dinge, deren Erscheinung das Ergebnis bewußter Gestaltung war. Der Grund ist, daß künstlerische Imagination stets aus dem historischen, nur einmal möglichen Moment heraus eben jene Gestalt entwickelt, in der dieser Moment sich bindet. Insofern messen wir dem – freien wie angewandten – künstlerischen Werk Aussagekraft auch über die Zeit zu. Anders gesagt: Um die in einem »gut« gestalteten Stuhl während eines bestimmten Augenblicks wirkenden ästhetischen, kulturellen, ideologischen, geografischen und gesellschaftlichen Kräfte zu beschreiben, wäre eine Enzyklopädie nötig – und den Stuhl hätten wir dennoch nicht.

Noch einmal zum Thema. Die 50er Jahre liegen eine ganze Generation zurück. Wozu sich daran erinnern? Die Arbeit an dieser Dokumentation hat gezeigt, daß die, denen jene Zeit noch in Erinnerung ist, sich bereits meist falsch erinnern – und fast immer spärlich. Die ganz Jungen haben als Anhalt nur das noch Erhaltene. Aber das Erhaltene besteht aus meist undynamischen Fragmenten. Die Leistungen der 50er Jahre hingegen umfaßten mehr, als solche Fragmente dem ersten Blick verraten, waren komplexer als das vage Bild, das wir uns von ihnen machen. Und nicht zuletzt waren es Leistungen, die – gleich wie wir sie heute beurteilen mögen – für unsere Gegenwart von Bedeutung sind. Denn sie bestimmten die Richtung, aus der sich diese Gegenwart entwickelt hat.

2 1957: Chargesheimer fotografiert Konrad Adenauer. Eins der Porträts erschien unmittelbar vor
der Wahl als SPIEGEL-Titel – ›Wahr ist, was gefällt« –; Adenauers Partei gewann die Wahl
überlegen

Die Welt hat zwei Seiten

Für keine Zeit war die Auffassung, Politik sei die Fortsetzung des Krieges mit anderen Mitteln, gültiger als für die 50er Jahre.

Das Verhältnis der Supermächte USA und UdSSR war auf gefährliche Weise schlecht. Beide standen einander als drohende Alternativen gegenüber. Während der fünf Jahre seit Kriegsende hatte sich die Sowjetunion in den Augen des Westens aus einem Verbündeten in einen Feind verwandelt. Sie hatte die Tschechoslowakei und Ungarn geschluckt, China ideologisch erobert, West-Berlin umzingelt, die Welt mit einem »eisernen Vorhang« geteilt.

Die psychologische Reaktion des Westens personifizierte sich in Joseph R. McCarthy, Senator des amerikanischen Bundesstaates Wisconsin. Seine Hetzkampagne begann im Februar 1950. Ihr missionarisches Ziel war die Reinigung Amerikas von kommunistischer Unterwanderung. McCarthy über sich selbst: »McCarthy ist Amerika mit aufgekrempelten Ärmeln«. Im Licht der atomaren Bedrohung durch den Osten warf sein Säuberungsfeldzug lange Schatten. McCarthy schleuderte Anschuldigungen und Verdächtigungen gegen alles und jeden, überschrie jede relativierende Stimme, machte weder vor gesellschaftlicher Prominenz noch vor Hollywood halt und trieb die Leute dazu, sich selbst und andere zu bezichtigen. Mit Methoden, die an die Beweisführung des natio-

17

nalsozialistischen Volksgerichtshofes erinnerten, trieb der McCarthy-Terror seine Opfer zu grotesker proamerikanischen Beteuerungen: Sie schworen allem ab, was ihnen durch eine hysterische Interpretation als »östlich« suggeriert wurde.

Für eine Weile schien der aufgestiegene Farmerssohn das politische Bewußtsein Amerikas in der Tasche zu haben. Immerhin verfügte er über ein schlagendes Argument: die strategische Überlegenheit der Sowjetunion als mächtigster Repräsentant der weltkommunistischen Idee. Amerikas öffentliche Meinung starrte gebannt auf McCarthy wie das Kaninchen auf die Schlange. Selbst »Ike«, der Präsident, hielt still. Bis McCarthy den Fehler machte, über den er stolpern sollte: Er griff die Armee an. Präsident Eisenhower, ehemaliger Weltkriegsgeneral, gab die Erlaubnis zur Gegenwehr. Am 22. April 1954, nach vier langen Jahren des Gesinnungsterrors, der in der ganzen westlichen Welt widergehallt war, begann auf zwanzig Millionen amerikanischer Fernsehschirme seine Demontage. In einem dreißig Tage währenden Hearing, geleitet vom 63jährigen *Army Counsel* Joe Welsh, einem klassisch-konservativen Republikaner, wurde McCarthy der Garaus gemacht. Es war ein politischer Exorzismus, wie ihn die Welt noch nicht erlebt hatte.

Zugleich hatte der Osten wenig getan, um die Argumentation des Westens zu widerlegen. Der ostdeutsche Flüchtlingsrekord von 16 000 Menschen im August 1952 schien ein klarer Beweis, daß die bessere der Welten im Westen liege. Und durch was hätten Moskaus Vorstellungen von Staatsraison besser demonstriert werden können als durch die sowjetischen Panzer im Jahr darauf, als sie am 17. Juni in Ost-Berlin den unbewaffneten Volksaufstand niederschlugen? Selbst der kommunistische Dichter Bertolt Brecht scheute nicht den sarkastischen Kommentar, daß die Regierung, wenn sie mit dem Volke unzufrieden sei, sich ja ein neues wählen könne.

Die Unfreiheit des Ostens war eindeutig. Sie war das Gegenteil zu Amerikas Idee von sich selbst.

1954 kündigte Amerikas Präsident an, ab jetzt werde sein Land die Initiative des »Kalten Krieges« – eine offizielle Formel – übernehmen. In der Tat wurde die Auffassung von »Politik als Krieg mit anderen Mitteln« zur offiziellen Praxis. Die kommunistische Partei wurde verboten, die Vereinigten Staaten rüsteten weiter auf. Die Sowjetunion ebenfalls.

1953 war Josef Stalin gestorben. Der in Jahrzehnten diktatorisch durchstrukturierte Staat befreite sich von seinem Bann erst drei Jahre später, als Chruschtschow auf dem XX. Parteitag die offizielle Demontage des Stalinkults verkündete. Doch am schlechten Verhältnis zum Westen änderte sich dadurch nichts.

In die gefährlichste Situation seit Kriegsende geriet die Welt 1956. Washington warnte die Sowjetunion vor dem Versuch, sich in Österreich, West-Berlin und der Türkei zu engagieren. Spät war dem Westen der territoriale Zuwachs klargeworden, der dem roten System aus dem 2. Weltkrieg entstanden war. Jetzt warnte er umso schärfer. Die Atombomber beider Mächte, unmittelbar vergeltungsbereit, stiegen auf. Zum ersten Mal seit 1945 stand die Welt auf der Schwelle zu einem Weltkrieg, und zum ersten Mal zu einem tatsächlich totalen. Sie tat den Schritt nicht.

Als das Jahrzehnt sich dem Ende zuneigte, 1959, trafen sich Eisenhower und Chruschtschow. Zuvor hatte Chruschtschow verkündet, Kommunismus und Kapitalismus könnten in Koexistenz leben. Die Formel war neu. Begreifbar war sie durch die Wirklichkeit geworden: Die Suez-Krise von 1956 hatte das nordatlantische Verteidigungsbündnis *NATO*, der Ungarnaufstand aber auch den *Warschauer Pakt*, das östliche Verteidigungsbündnis, als brüchig entblößt. Und eine weitere neue Konstellation gab dem russischen Vorschlag einer Koexistenz Sinn, nämlich die nachlassende Bindung Rotchinas an die Sowjetunion.

Die Gespräche von Camp David, wo das Treffen der beiden Staatsmänner stattgefunden hatte, ließ das Jahrzehnt mit einer gewissen Hoffnung enden. Zehn Jahre lang hatten das kommunistische und das kapitalistische System ihre militärischen Kräfte maximiert. Jetzt schien der Zustand erreicht, wo der Versuch, sie aneinander zu messen, keinen Sinn mehr abgab; ein Sieger war

3 *Aus einer deutschen Illustrierten des Jahres 1955: »Eine Million Autos – ein Spiegel des Wunders!«*

4 *Offizielles Krönungsporträt von Elizabeth II., mit der 1953 erstmals seit Queen Victoria wieder eine junge Königin den britischen Thron bestieg*

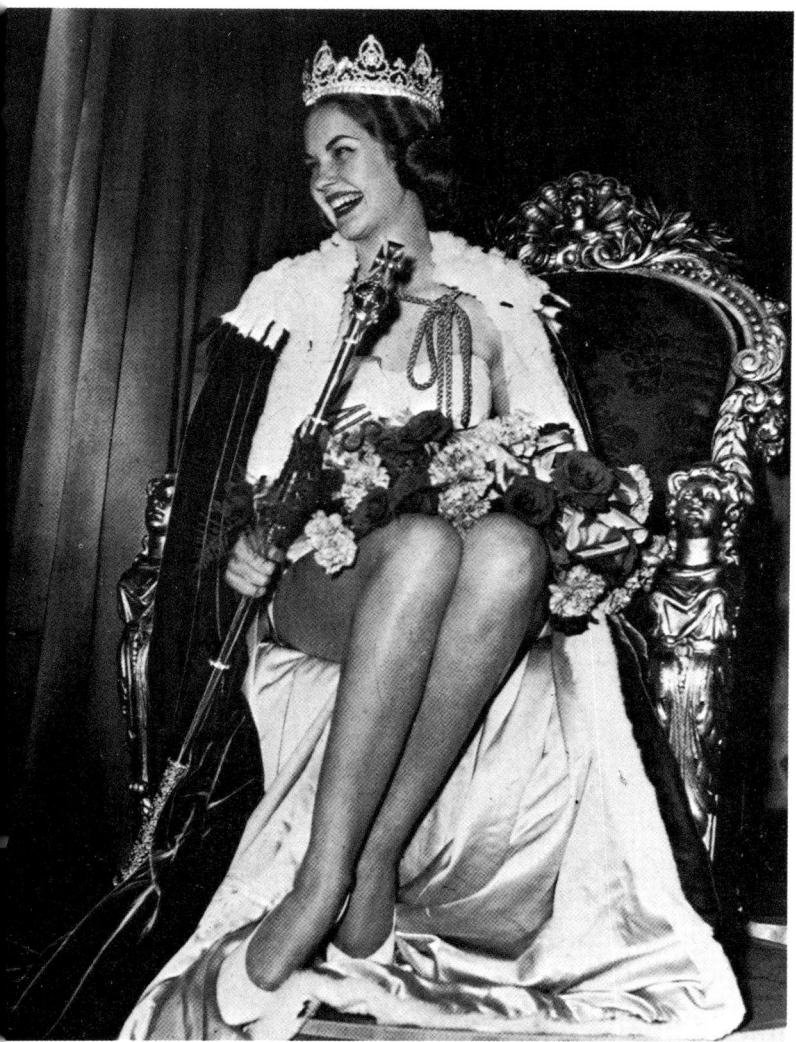

Keine ererbte, sondern erkämpfte, wenn auch kurzlebige Königswürde: Miss Welt. *Hier die honigblonde Penelope Coelen aus Südafrika, Maße 88–58–91«, Siegerin von 1958*

nicht mehr denkbar. Auch Chruschtschow schien seine fanatische Drohung, die er einst vor der UN-Versammlung den Amerikanern entgegengeschleudert hatte – »Wir werden euch verbrennen« – nicht wiederholen zu wollen.

angst vor der bombe

Lohn der Angst

Als Folge von Atombombenversuchen in der kalifornischen Wüste zur Mutation gebracht, entwickeln sich nach 1945 Wüstenameisen zu gigantischen Insekten. Sie erreichen vier Meter Länge und werden zu fleischfressenden Killern. Als Nistplatz wählen sie die Kanalisation von Los Angeles. Die Königinnen dieser fliegenden Spezies lassen sich auf Tankern nieder. In den leeren Frachtkammern legen sie ihre Eier. Als das Militär mobilisiert wird, kommt die Nachricht an die Öffentlichkeit. Eine Panik bricht aus, und die Situation nimmt apokalyptische Formen an. Doch am Ende gelingt die Vernichtung der Bestien. Mit Napalm, Flammenwerfern und Granaten wird die Menschheit gerettet...

Der Science-Fiction-Film von 1954, *Them*[1], endet mit einer Warnung: So oder ähnlich wird es kommen, wenn Atombombenversuche weiterhin unseren Planeten verseuchen!

Die Kehrseite des zunehmend angenehmeren Lebens war das Bewußtsein, jeden Tag wieder alles verlieren zu können, und das Leben dazu.

Prosperität und zivilisatorischer Fortschritt der 50er Jahre, in der Bundesrepublik Deutschland vor allem, entsprangen der Bindung an das westliche Wirtschaftssystem. Der Preis dafür war die Furcht, jeden Moment von einem sowjetischen Bombergeschwader überrascht zu werden. Angst war der Preis für Freiheit und Wohlstand.

1959 bilanzierte die Zeitschrift *magnum* die Nachkriegsära, das »Leben nach 45«. Über den Aspekt des zeitgenössischen Lebensgefühls, der die vielleicht nur kurzfristige Freude am gerade Erreichten betraf, hieß es:

»...es läßt sich vernünftigerweise nicht ausschließen, daß der Zauber in einem Jahr vorüber ist, daß es kracht, daß der gutangezogene Herr im gepflegten Wagen der Deutschen Bundesbahn morgen wieder im KZ steckt oder daß ein paar Pfund Kartoffeln wieder die ganze Dankbarkeit eines unschuldigen Herzens bean-

and we will all go together when we go,
every hottentot and every eskimo;
when the air becomes uranious,
we will all go simultaneous,
yes, we will all go together when we go.
– tom lehrer, 1959

chaval, 1956/57

spruchen... Wir konsolidieren unsere Verhältnisse mit Eifer – aber
was wissen wir, was in drei Jahren mit uns sein wird? Wir bauen
Versicherungspaläste, Burgen, als wären sie für tausend Jahre bestimmt – aber die taktischen Bombergeschwader sind schon in der
Luft. Ihr Einsatz ist nicht eine Frage von Jahren oder Monaten, sondern von Minuten. Für diese ›Minuten-Bereitschaft‹ werden Millionen ausgegeben. Man gibt nicht Millionen aus für etwas, an das
man nicht glaubt, womit man nicht rechnet. Wir schaffen für eine
Zukunft, an die wir nicht zu denken wagen.«[2]

Als einzige Garantie dagegen galt das amerikanische Monopol
auf die Atombombe, jene einfache, aber schreckliche Lösung aller
Probleme der Machtpolitik. Erst fünf Jahre waren vergangen, seit

24

die Bombe Hiroshima, Nagasaki und 106 000 Japaner vernichtet hatte. Amerika rechnete diesen Verlust eher gering. Denn indem die Bombe Japans Kapitulation erzwungen und den Krieg im Pazifik beendet hatte, war der – statistisch errechnete – Soldatentod von ca. einer Million guter Amerikaner verhindert worden. Aber dann, im Spätsommer 1949, brachte die Sowjetunion ihre erste Atombombe zur Explosion, und Amerika, schützender Garant der westlichen Hemisphäre, war wie paralysiert.

Der Wettlauf

Während der Chemiker und Nobelpreisträger Harold C. Urey Reportern versicherte, »nur eins ist schlimmer, als wenn eine Nation die Atombombe besitzt, und das ist, wenn zwei sie haben!«[3], war die US-Regierung fieberhaft mit der neuen Situation beschäftigt. Ihre Lösung schien nur durch eine noch stärkere, noch gefährlichere Waffe möglich – durch die Wasserstoffbombe. Mit einer theoretisch hundertfachen Wirkung der Hiroshimabombe schien sie furchterregend genug, den Sowjets Respekt einzuflößen. Doch US-Atomgenius J. Robert Oppenheimer, Chef von Los Alamos, wo die Hiroshimabombe gebaut worden war, warnte: Wissenschaft und Physiker könnten sich in Japan für immer schuldig gemacht haben. Seine Warnung fand Gehör. Die neun wissenschaftlichen Berater der *Atomic Energy Commission* beschworen Präsident Harry S. Truman, alle Pläne für den Bau einer H-Bombe fallen zu lassen.

Im Januar 1950 dann gesteht Dr. Klaus Fuchs, britischer Physiker in den Atom-Labors von Los Alamos, den Russen seit 1942 die Geheimnisse der Bombe verraten zu haben.

Die Nachricht trifft die Amerikaner fast tiefer als die Nachricht von der Detonation der ersten sowjetischen Bombe. Es dauert genau vier Tage, bis Präsident Truman den Bau der ersten amerikanischen Wasserstoffbombe freigibt. »Ich habe die Atomic Energy Commission angewiesen, jede Art von Entwicklung atomarer Waffen fortzusetzen, auch die der sogenannten Wasserstoff- oder Superbombe«.[4]

Im Juni 1950 beginnt Nordkorea eine massive kommunistische Invasion und besetzt auf Anhieb fast die gesamte koreanische Halbinsel. Am 1. Juli landet auf Trumans Befehl die 24. US-Infanteriedivision in Korea. Zum zweiten Mal innerhalb von fünf Jahren stehen die Vereinigten Staaten auf einem überseeischen Schlachtfeld.

Das amerikanische Festland beginnt, atombombensichere Bunker zu bauen. Geigerzähler und Sauerstoffflaschen werden Bestandteil der amerikanischen Versandhauskataloge.

ARMED FORCES DAY

18. Mai 1957

PARTNER FÜR DEN FRIEDEN

6 *Plakat von 1957: Goodwill-Werbung für die Garanten der Prosperität*

Im Herbst 1952, der Koreakrieg dauert an, ist eine kleine Flotte auf dem Weg von Kalifornien zum Eniwetok-Atoll im Pazifik. Die Ladung besteht aus Eisenkammern, Schnellkameras, Uran, schwerem Wasserstoff. Und am 1. November verschwindet die gesamte Insel unter einem Pilz aus Korallenstaub, Rauch und Wasser, der bis in die Stratosphäre reicht. Im Zentrum der Detonation herrscht eine Temperatur, die fünfmal so heiß ist wie das Innere der Sonne. Amerika hat seine H-Bombe.

7 *Britischer Wasserstoffbomben-Test im Pazifik, 1958* ▶

Das Ergebnis beruhigt den Westen, besonders die zehn alliierten Staaten der *NATO*. Es beruhigt auch den Weltkriegsgeneral Dwight D. Eisenhower, soeben zum Präsidenten der Vereinigten Staaten gewählt. Eisenhower ist erst kurz im Amt, als 1953 in der Weite Sibiriens eine zweite H-Bombe explodiert. Mit nur neun Monaten Verzögerung hat die Sowjetunion die USA eingeholt.

9 *Chromnickelstahl-Skulptur von Hans Uhlmann, 1958 auf dem Berliner Hansaplatz errichtet*

◄ 8 *Das* Atomium, *Wahrzeichen der Brüsseler Weltausstellung von 1958, überragte als Menetekel und Verheißung zugleich die erste internationale Selbstdarstellung der Staaten nach dem 2. Weltkrieg*

Und immer so weiter

1954 läuft als erstes atomgetriebenes U-Boot die *Nautilus* in den USA vom Stapel. Im Jahr darauf folgt die große H-Bomben-Luftschutzübung in Amerika, bei der die Regierung aus Washington evakuiert wird und man die fiktive Zahl von 16 Millionen Toten als statistische Opfer von 61 Bomben errechnet. Als Zuckmayers Atomspionage-Roman »*Das kalte Licht*« erscheint, beläuft sich das Weltpotential an A-Bomben auf 50 000; davon 15 000 in der UdSSR, 35 000 in den USA. Churchill hatte 1953 vor dem Unterhaus zwar die Überlegung ausgesprochen: »Es mag sein, daß der Fortschritt der Vernichtungswaffen bis zu jenem Punkt, da jeder jeden töten kann, einen Zustand herbeiführt, wo niemand mehr jemanden zu töten wünscht«, aber nachdem sich das britische Königreich 1956 eine Milliarde Mark für Atomkernforschung »zum Zweck der Stromerzeugung« erlaubte, erprobt es nur zwei Jahre darauf, 1958, auch seine erste H-Bombe. Großbritannien ist damit die dritte Macht.

Und so geht es weiter. 1956 gelingt der Abwurf der H-Bombe aus der Luft. Damit ist die Waffe erwachsen geworden, weil taktisch einsetzbar. Ohne Aufenthalt schreitet die atomare Aufrüstung fort. 1958 sind die Trägerraketen voll entwickelt. Die US-*Atlas*-Rakete hat nun eine Reichweite vom Pol bis zum Äquator. Und sollte sie tatsächlich jemand am Pol brauchen – das Atom-U-Boot *Nautilus* ist in der Lage, ihn unter dem arktischen Eis zu erreichen. Am Ende des Jahrzehnts sieht die Rüstungsbilanz, sprich das Machtverhältnis der Erde, so aus: Sprengkraft des nuklearen Potentials ca. 30 Milliarden Tonnen TNT. Das bedeutet zehn Tonnen Dynamit pro Kopf der Erdbevölkerung, die Verseuchung nicht eingerechnet. Die »Overkill«-Situation ist erreicht, das atomare Patt ebenfalls. Doch ist das Ende nicht abzusehen. Schon das erste Jahr des neuen Jahrzehnts erlebt die Fortsetzung mit Frankreichs nuklearer »Force de Frappe«.

mein lieber freund, mein lieber freund,
die alten zeiten sind vorbei,
ob man da lacht, ob man da weint,
die welt geht weiter, eins, zwei, drei.
ein kleines häuflein diplomaten
macht heut die große politik,
sie schaffen zonen, ändern staaten.
und was ist hier mit uns im augenblick?
wir sind die eingeborenen von trizonesien,
hei-di-tschimmela-tschimmela-tschimmela-tschimmela-bumm!
– karl berbuer, 1948

Erberto Carbonis Chemisches Ambiente, *für Montecatini in Mailand, 1950*

Die Chemie, *Skulptur von Erberto Carboni im Montecatini-Pavillon auf der Mailänder Messe* ▶
n 1952

Bewegte Gefühle

»Die Linienführung ist von gelöstem fjorealen Schwung ... eine
großangelegte Raumkurvatur ... das Rechtwinklige wird durch
das Bewegte und Ondulierende ersetzt ... seine Raumschwünge,
vom Sockel abspringend, in einer Pirouette in den Raum voltigie-
rend ...«[5] Unbeabsichtigt steckt in diesen Betrachtungen über das
Werk eines Künstlers jener Jahre, Hans Uhlmann, auch noch eine
Beschreibung von etwas anderem. Das ist das optimistische Gefühl
einer neuen Modernität, einer neuen Dynamik, eines gewandelten
Lebensgefühls – das charakteristische Lebensgefühl der 50er Jahre. Zwar ist es nur die positive Hälfte; die andere, angstvolle, haben
wir bereits beschrieben. Doch hat, zum Glück, die optimistischere
Seite der Zeit die greifbareren Spuren hinterlassen. Manche von
ihnen, »radikal modern«, gewiß aber unkonventionell, amüsieren
uns heute.

Dabei war es nicht komisch gemeint, wenn auf der Hannover-
Messe Schreibmaschinen *Rasanta* hießen; der »automatische Ex-
pressbügler« *Prometheus* »Bügeltage ohne Plage« versprach;
durch die Straßen Autos mit Namen »Isetta«, »Isabella« und »Gog-
gomobil« fuhren; alljährlich die schönste »Miss« gekrönt wurde
(Abb. 5 u. 137); Schlagersänger nicht mehr Marlene, Willi und
Adele, sondern Bibi Johns, Alice Babs, Bully Buhlan hießen. Bibi,
Bully, Babs ...

**sambaschritte sind für uns symbolisch,
mal geht es vorwärts, mal geht's zurück,
aber das macht uns nicht melancholisch,
es fehlt nur eines an unserm glück,
es fehlt der starke held,
der die geteilte welt
zusammenschweißt zum friedensparadies...**
– karl berbuer, 1949/50

Um 1950 begann eine neue Zeit. Zehn Jahre früher hätte bestenfalls ein sarkastischer Kabarettist sagen dürfen »Kein Erlebnis verlieren – photographieren.« Jetzt war es der offizielle Slogan der Fotoindustrie. Die neue Zeit war anders, empfand anders und drückte sich anders aus. 1950 stand fest, daß es besser werden würde, und vieles konnte auch nur besser werden. Wenigstens war 1950 das Jahr, in dem in Westdeutschland – den alliierten westlichen Zonen – die Lebensmittelrationierung aufgehoben wurde. Überall wurde gebaut, meist aufgebaut, ein ganzes Jahrzehnt lang. Daß es selten architektonisch interessant verbaute Kubikmeter waren, wissen wir heute. Aber – es war auch eine andere Situation.

ja, der kerl, der kam aus der luft zu mir,
und er hatte nur ein Auge und ein horn dafür.
er schob einen karren und er sah so aus,
als wär' er oben auf dem mars zu haus.
er war der wumba tumba schokoladeneisverkäufer,
wumba tumba schokoladeneisverkäufer,
wumba tumba schokoladeneisverkäufer
von 'nem andern stern.
– kurt feltz, 1958

erberto carboni, 1955

So, wie diese Zeit ihre Kunst hatte, ihre Philosophie, ihre Mode, ihre Technik, ihre Politik, hatte sie ihren Geschmack – den Zeitgeschmack. Er hieß *Floralia-Schmuck, Creme Puff, Arwa-Strümpfe*. Er behauptete »Triumph krönt die Figur« und »Aus gutem Grund ist Juno rund«. Saß der moderne Mensch in der Milchbar – meist hieß sie *Capri* oder *Venezia* – las er die Illustrierten *Kristall* oder *Film und Frau*.

Die Wirklichkeit bekam wieder Glanz. Sonntag und Alltag waren wieder zu unterscheiden. Es gab wieder eine Spur von Luxus, wieder etwas, worauf sich Ehrgeiz und Träume projizieren ließen. Wenn es in den Geschäften hieß: »Fräulein, hier fehlt's nochmal«, war wieder die Verkäuferin gemeint – und nicht die Ware. Vieles war ein wenig gespreizt, ein wenig künstlich, auch die Versessenheit auf Eleganz. Es war eben zu lange unelegant zugegangen. Das »Elegante« war in den 50er Jahren eine »Kategorie der modernen Schönheit«. Denn: »In der Skala unserer Ziele rangiert die Schönheit sehr hoch. Wir machen kaum mehr etwas, was wir nicht schön machen wollen ... Wir leben in einem ästhetischen Zeitalter.«[6] Die Zeit produzierte wieder »Gegenstände von geistiger Substanz«, hatte anscheinend wieder einen Stil. Natürlich fanden sich solche Feststellungen nicht in *Kristall, Stern* oder *Quick*, sondern in *magnum*, der »Zeitschrift für das Moderne Leben«, und zwar unter Überschriften wie »Das Moderne ist intelligent«. Im *Stern* gab es dafür den Pin-up-Comic *Kessie* und in *Quick* den hinterkopflosen Meisterdetektiv *Nick Knatterton*.

Über die Ideen der *Haute Couture* ist später noch zu berichten. Im Modealltag von 1955 machen die modisch bewußten Lehrlinge und Angestellten auch ohne Paris »auf Schau« – mit keilförmigen Hosen und Jacketts in »V-Form«, die breit wattierten Schultern nach hinten geschoben, und Hemden mit stumpfen »Haifischkragen« und riemchendünnen Krawatten. Die Haare haben sie als krause Tolle in die Stirn gekämmt, den Rest mit Pomade zu einem glatten »Entenschwanz« am Hinterkopf zusammengeschlagen. Junge Damen wissen sich manchmal nicht recht zu setzen; ihre »Petticoat«-Tüllmassen bäumen sich entweder vorne oder hinten hoch. Lange Hosen – zum weiten Pulli mit »halsfernem, asymmetrischen Schalkragen« – sind obenherum weit und werden unten – »dreiviertellang« – bleistifteng; an den Waden ein kleiner, »unheimlich raffinierter« Schlitz! Und natürlich flache Schuhe, »Modell Ballerina«. Abgesehen von einem kräftigen schwarzen Lidstrich an den äußeren Augenwinkeln ist das Make-up so kunstlos »natürlich« wie Pony und Pferdeschwanz à la Brigitte Bardot (Abb. 23).

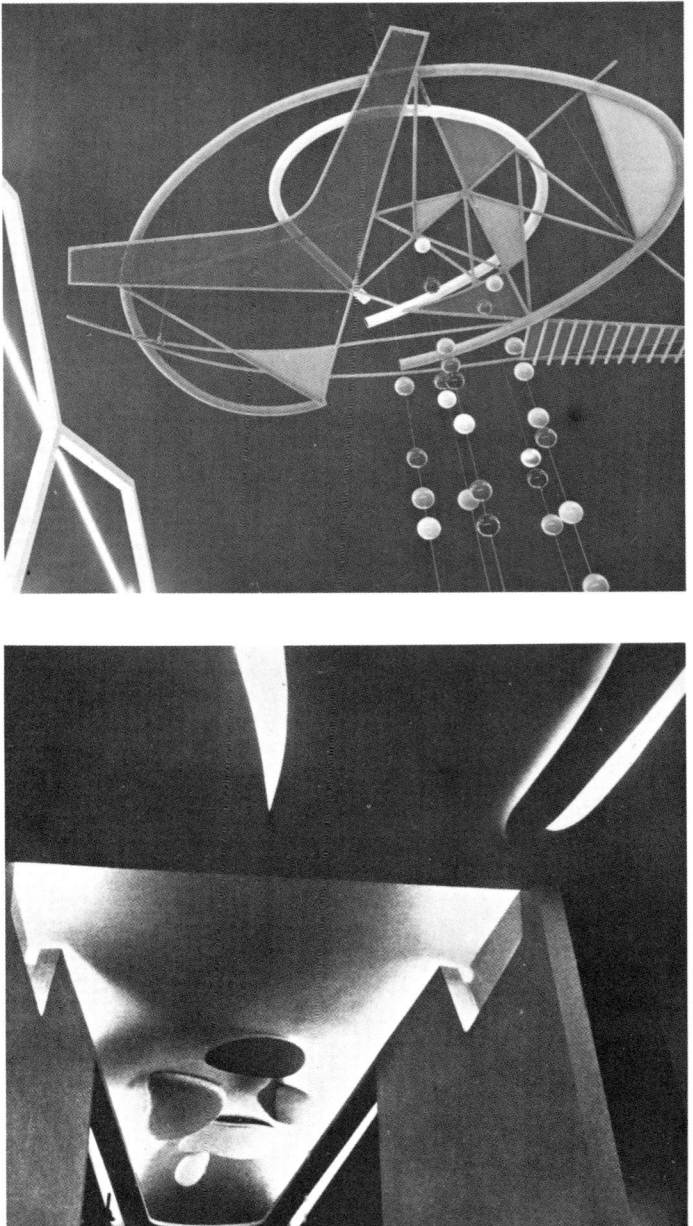

14 *Kino in Sao Paulo, Anfang der 50er Jahre von Reno Levi gebaut*

12 *Deckenskulptur von Erberto Carboni, 1957*

13 Lichtdecke *von Luciano Baldessari, mit plastischen Elementen von Umberto Milani; Eingang zur*
IX. Triennale von Mailand, 1951

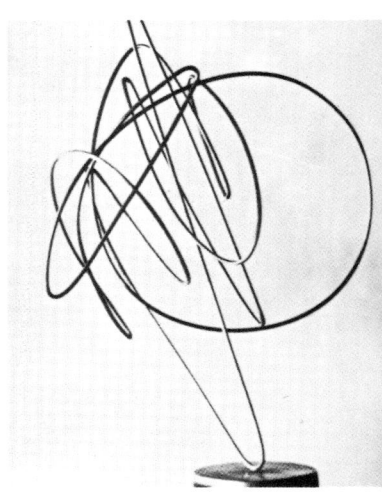

▲◄ 15 *Die Neon-Kurvatur von Lucio Fontana – Mailand 1951 – folgte sei-nem Manifest: Lichtambiente als modellhafte Vorläu-fer für den tech-nisch gestalteten kosmischen Raum...*

▲ 16 Sphärische Skulptur *von Hans Uhlmann aus dem Jahre 1949. Sie be-schreibt nicht nur plastische Probleme der zeitgenössi-schen Kunst, son-dern verrät zu-gleich auch jene »neue Dynamik«, den beschwingten Optimismus – Anti-poden zur tiefge-henden Existenz-angst –, die das gewandelte Le-bensgefühl der Epoche bestimmten*

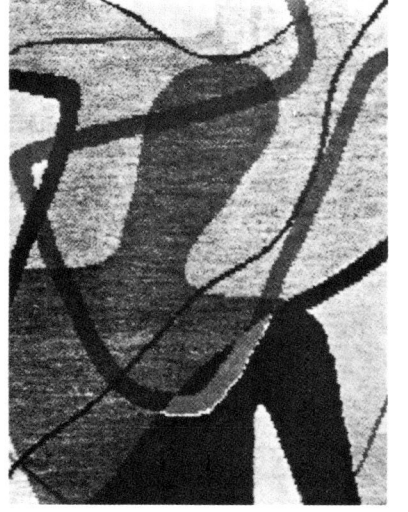

◄ 17 *Wandteppich (Detail) auf der Brüsseler* Expo '58, *Entwurf Johanna Schütz-Wolf*

18 Hula-Hoop. *Eine Schätzung kam zu dem Ergebnis, daß zwischen 1958 und 1960 etwa 60 Mil-lionen solcher Rei-fen um Europas und Amerikas Hüften kreisten* ►

20 Superman-Comic, *ca. 1955. Während gezeichnete Bildergeschichten in den USA längst Allgemeingut waren, setzte sich diese Literaturform in Europa erst seit den 50er Jahren durch*

◄ 19 Jumping People: *Philippe Halsmans unorthodoxe Idee, Berühmtheiten für eine Photoserie in die Luft gehen zu lassen; hier Salvador Dali*

Skepsis als Attitüde

Studenten und Kunstschüler sehen meist anders aus, freudloser. Ihr um Skepsis bemühter Blick ist abweisend. Die Haare als »Cäsarschnitt« nach vorne gekämmt, empfinden sie ungenau, aber tief, was »Existentialismus« heißt, und »Exis« werden sie auch genannt. Ihre blasse Erscheinung erinnert an den Dichter Hans Magnus Enzensberger, wie ihre ernsten Gesichter über quergeknöpften Dufflecoats und langen schwarzen Schals überhaupt den unfröhlichen, katastrophenbewußten Schick der literarischen *Gruppe 47* zu imitieren scheinen.

Jenseits jeder Attitüde reflektieren sie dennoch den tiefsitzenden Anti-Illusionismus der »skeptischen Generation« nach dem Krieg und das unüberwindliche Mißtrauen gegenüber jeder Form von Ideologie. Sie waren die Erben einer verführten, verratenen Gesellschaft und sperrten sich jeder Art von heilsgläubiger Lebensbestimmung. Diese Jugendlichen spiegelten die Negativerfahrung ihrer Eltern. Deren zutiefst antipolitische Grundhaltung wiederum bestimmte die Aufbaujahre der Bundesrepublik und den Geist, in dem nicht ideologische politische Programme diskutiert wurden, sondern wo die Festigung der eigenen Lebenssituation – durch Arbeit – den Mittelpunkt aller Aktivität bildete. Solche Aktivität war notwendig und geriet zum Wert an sich.

»Diese geistige Ernüchterung macht frei zu einer für die Jugend ungewöhnlichen Lebenstüchtigkeit. Diese Generation ist im privaten und sozialen Verhalten angepaßter, wirklichkeitsnäher, zugriffsbereiter und erfolgssicherer als je eine Jugend vorher. Sie meistert das Leben in der Banalität, in der es sich dem Menschen stellt, und ist darauf stolz.«[7]

Eine musische Philosophie

Kaum stolz, kaum zugriffsbereit, kaum erfolgssicher begegnete eine andere Gruppe, nämlich ein Großteil der Intellektuellen, dieser »Banalität«, in der sich das Leben »dem Menschen stellt«. Ihre Existentialphilosophie baute auf einem alten subjektivistischen Existenzbegriff auf, der während des Dritten Reiches verstummt und in den 40er Jahren durch Jean-Paul Sartre in Frankreich wieder aufgelebt war. Von dort wirkte er auf das Europa der 50er Jahre und blieb dabei nicht auf die reine Philosophie beschränkt. Dieser französische »Existentialismus« dokumentierte sich ebenso in Literatur, Film und Kunst und hatte sozusagen geistig stilbildenden Einfluß, wurde »modemachend« im Bereich eines allgemeineren, wenn auch intellektuellen Lebensgefühls.

Doch standen hinter dem nihilistischen Antischick, der von Saint-Germain-des-Prés auf Europas nachempfindende Sympathisanten ausstrahlte und sich in Existentialistenmode, in Make-up,

Jazzkellern und eigenwilligen Frisuren zeigte, zutief existenzbe-
treffende Fragen. Es waren Fragen einer atheistischen Weltan-
schauung, die den Menschen zu einer Freiheit verurteilt sah, in der
er sich seinen Lebenssinn selbst zu setzen hatte; die Absurdität der
Existenz in einer Welt ohne erkennbaren Sinn. Immerhin fand in
solcher Welt der philosophische Gedanke eine unverwechselbare
Erscheinung, ja sogar eine eigene »Muse der Existentialisten« in
Gestalt der jungen, 1927 geborenen Chansonsängerin Juliette
Gréco (Abb. 21). Mit Liedern, zu denen ihr die intellektuelle
Crème von Paris – Jean-Paul Sartre, Albert Camus, Raymond Queneau, François Mauriac – die Texte geschrieben hatte, kam sie
1949 im Pariser Cabaret *Boeuf sur le toit* zu Erfolg und wurde zur
schönen Stimme eines existentiell vielleicht illusionslosen, gewiß
aber auch oft poetisch-melancholischen Lebensgefühls.

Diese Illusionslosigkeit als eine mißverstandene sichtbar zu machen, war einer anderen jungen Französin vorbehalten, Françoise
Sagan. Als sie dem Verleger Julliard ihr erstes Manuskript – *Bonjour Tristesse* – als »lediglich gekonnte Erzählung« ablieferte,
ahnte sie vermutlich selber nicht. daß sie in eins der größten Miß-
verständnisse ihrer Zeit getroffen hatte. Was bisher stets eher ne-
gativ als Skepsis, Unbestechlichkeit oder Resignation definiert
worden war, zeigte sich in Françoise Sagans Romanen als unkom-
plizierte Grundhaltung. Sie schrieb nicht Romane über eine illu-
sionslose Jugend, sondern war vielmehr die erste Schriftstellerin
einer Generation, die nicht ihre Illusionen verloren, sondern nie
welche gehabt hatte. Dementsprechend war die Illusionslosigkeit
denn auch eher das Klima ihrer Bücher als ihr Problem.

Dem Absurden gegenüber

»Die wissen, was warten heißt... und sie wußten auch, wäre Godot
schließlich gekommen, es hätte nur eine Enttäuschung sein können.« So erklärte sich, laut *Theatre News* vom Juli 1958, ein im
Zuchthaus von San Quentin beschäftigter Lehrer den Erfolg von
Samuel Becketts *Warten auf Godot.* Seit 1913, seit Sarah Bern-
hardts Gastspiel war in San Quentin keine Theatertruppe mehr
vorstellig geworden. Doch Becketts Stück, das ein intellektuelles
Publikum in Paris, New York und London in Verwirrung und Streit
gestürzt hatte – hier in den Mauern von San Quentin schien es begreifbar, nachfühlbar. Was als »absurdes Theater« und als Abkehr
von jeder Gesellschafts- und Wirklichkeitsabbildung definiert
worden war, schien den Betroffenen so absurd nicht. Und Betrof-
fene fanden sich, nach anfänglicher Ablehnung, bald immer mehr.
Autoren wie Beckett, Ionesco oder Adamov brachten eine Erfahrung theatralisch in Form, die eine zutiefst vertraute, wenngleich
bisher so nicht formulierte war: Die Welt als metaphysisches Nie-

1 *Sartre, Queneau, Camus, Mauriac schrieben die Texte ihrer Chansons: Juliette Gréco, Muse der xistentialisten im Paris der 50er Jahre*

mandsland, in dem die Verkümmerung und Vernichtung des Menschen auf zweierlei Weise geschieht. Entweder – wie bei Beckett – als einsamer innerer Dialog, der in Sprachlosigkeit und lebendigem Tod endet, das Ich ganz verloren, oder – wie bei Ionesco – durch das dumpfe Eingemauertsein in eine Alltagswelt, die die Frage nach dem »Sinn« durch verhärtete Gewohnheiten und den systematischen Terror der Banalität unserer Alltagssprache ersetzt.

Das *Absurde Theater* der 50er Jahre wurde so – indem es die Wirklichkeit menschlicher Beziehungen in einer technisch zivilisierten Welt darstellte – zu einem der bedeutendsten künstlerischen Beiträge im 20. Jahrhundert.

Literarische Ereignisse

1950 – Tod von Hedwig Courths-Mahler, Autorin von 192 Unterhaltungsromanen
     – James Jones: **Verdammt in alle Ewigkeit**
1951 – Tennessee Williams: **Die tätowierte Rose**
1952 – Ernest Hemingway: **Der alte Mann und das Meer**
     – Henry Miller: **Plexus**
1953 – Arthur Miller: **Hexenjagd**
1954 – Françoise Sagan: **Bonjour Tristesse**
1955 – **Das Tagebuch der Anne Frank**; erreicht bis 1958 eine Auflage von 400 000
     – Vladimir Nabokov: **Lolita**
     – Hans Scholz: **Am grünen Strand der Spree**
1956 – Tod von Bertolt Brecht
     – Eugène Ionesco: **Die Stühle**
     – John Osborne: **Blick zurück im Zorn**
1957 – Albert Camus bekommt den Literatur-Nobelpreis
     – Hugo Hartung: **Wir Wunderkinder**
     – Fünfzig Prozent der deutschen Haushalte besitzen außer Schulbüchern – keine
1958 – Boris Pasternak: **Dr. Schiwago**
1959 – Günter Grass: **Die Blechtrommel**
     – Eugène Ionesco: **Die Nashörner**
1960 – Henry Miller: **Nexus**
     – D. H. Lawrence: **Lady Chatterley's Lover** von 1928 in England freigegeben

Gentlemen Prefer Blonds. *Marilyn Monroe, ein Star, der postum die erstaunliche Metamorphose
∘m Sexidol der 50er zur Sexmärtyrerin der 70er Jahre erlebte*

 u. 24 *Nach dem Ende des mondänen Vamps der Vorkriegsära avancierten Kindfrau und Tigerin –
 er Brigitte Bardot und Ava Gardner – neben dem Typ des »Busenbombers« zu modernen
∘itbildern der Filmindustrie* ▶

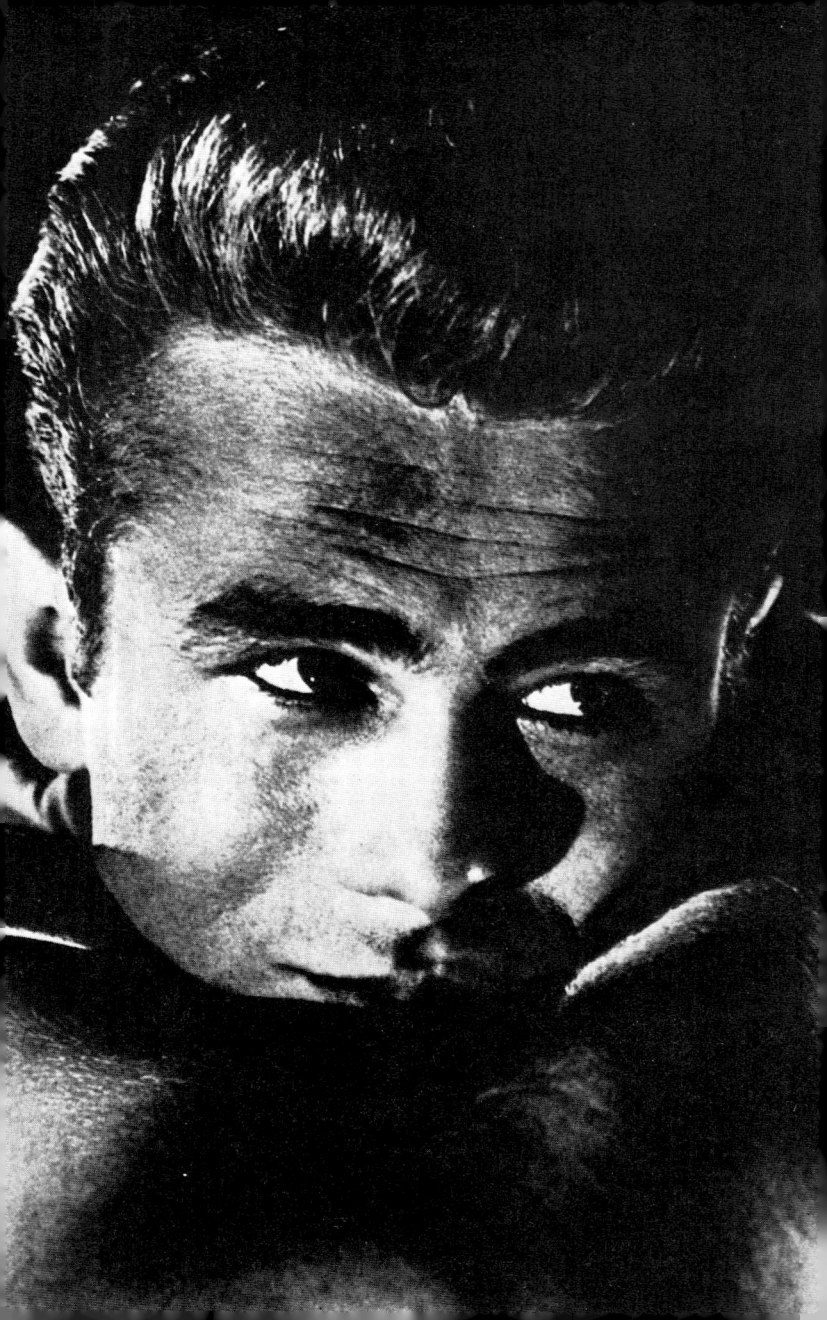

ob ich im sportdreß mal vor unserm clubhaus steh',
ob ich im schicken kleid mit einem freund zum tanztee geh',
sexie hexy heiß' ich überall.
bin ich nicht ein hoffnungsloser fall?
sexie hexy sagt die ganze stadt.
wer den namen bloß erfunden hat!
hey hey! rufen sie,
sexie hexy!
doch ich höre nie!
ich höre nie!
– kurt hertha, 1958

Jenseits von Eden

Die Ausstrahlung einer romantischen Melancholie ließ um dieselbe Zeit, als Juliette Gréco ihren philosophischen Freunden vorsang und Françoise Sagan das »Mißverständnis der Illusionslosigkeit« zur Sprache brachte, auch eine ganz andere Figur zum Idol werden. Obwohl kaum eine Spiegelung philosophischen Bewußtseins, schien sich eine ganze Generation in ihm wiederzuerkennen: James Dean (Abb. 25).

»Ich werde nicht älter als dreißig« soll er zu einem Freund gesagt haben. Am Nachmittag des 30. September 1955, unterwegs zu einem Rennen im kalifornischen Salinas, konnte er seinen silbergrauen Porsche Spider nicht mehr bremsen. Beim Aufprall auf eine abbiegende Plymouth-Limousine durchbohrte ihn die Lenkradsäule, brach ihm das Rückgrat. »Jimmy Darling«, die heimliche Identität von Millionen Verehrern, war tot.

Verletzlich und stumm um Liebe flehend, Unruhe im Blick und in jeder Sehne Rebellion, hatte er sich taumelnd, hektisch und protestierend in nur 18 Monaten durch drei Hollywood-Filme bewegt, die ihm Weltruhm einbrachten: *Jenseits von Eden*, *Denn sie wissen nicht, was sie tun* und *Giganten.* Eine rätselhafte Mischung aus Ödipus und Hamlet, zeichnete Dean wie kein anderer Star die Figur des Jugendlichen, der ständig in Gefahr ist, an Konformismus, Hartherzigkeit und Korruption der Erwachsenenwelt zu zerbrechen. Mag dies auch kein für die 50er Jahre spezifisches jugendliches Lebensgefühl sein – in den 50er Jahren wurde es jedenfalls auf solche Weise erstmals formuliert. Daß seine Verkörperung, James Dean, früh zu Tode kam, schien darüber hinaus wie die Bestätigung seiner Botschaft und sicherte ihm nicht nur bei seinen Altersgenossen die Unerreichbarkeit eines andauernden Traums.

◀ 25 *James Dean – » . . . das vollendete Symbol einer Traumfabrik und doch viel mehr als ein Artefakt«.*

Keimender Widerstand

1956 erreichte der Film *Die Saat der Gewalt* Westdeutschland. Er erzählte von amerikanischer Schülerkriminalität und präsentierte eine Musik, die zum stampfenden Begleitrhythmus einer ganzen Generation werden sollte, weit über die Gruppe der Rocker und Feierabendschläger, aber auch über das Jahrzehnt selbst hinaus. *Rock Around The Clock*. Das durch diese Musik ausgelöste Ergebnis war bisher unvorstellbar gewesen. Halbwüchsige Mädchen näßten die Kinositze, die dann unter der Aggression ihrer »Freier« zu Bruch gingen. Zur gleichen Zeit organisierten sich in den westlichen Großstädten halbkriminelle Banden. Vor ihren Stammkneipen parkten Rudel von Motorrädern. Innen vibrierte die kleinbürgerlich-triste, mit den billigen Versatzstücken einer kitschigen Rummelplatz-Romantik verzierte Einrichtung unter den aus Musikboxen dröhnenden Rock-Nummern Bill Haleys, Elvis Presleys und Little Richards (Abb. 27).

Der »Halbstarke«, »Rocker«, »Teddy Boy«, »Blouson Noir« war der Auftakt einer Entwicklung, die – vom Arbeiterproletariat der 50er Jahre ausgehend – bis in die Gegenwart hineinwirkt. Eine ganze Generation begann, sich der geltenden Autorität passiv zu entziehen oder aktiv zu widersetzen. Was als handfester Radau begonnen hatte, formte sich zum Protest gegen eine gesellschaftliche Ordnung, der die produktive Effizienz zum Inhalt geworden war. Diese Effizienz war einer Elterngeneration zur Ideologie geraten, die sich – als ehemalige Opfer einer anderen Ideologie, der des Nationalsozialismus – geschworen hatte, nie wieder einer ideologischen Verführung zu erliegen. Nun, nachdem der neue Geist zehn Jahre praktiziert worden war, wehrten sich ihre Kinder; anfangs mit blinder Zerstörung, dann zunehmend artikulierter, bis die Rebellion sich nach weiteren zehn Jahren – im »Pariser Mai« 1968 – schließlich politisch formulieren konnte.

26 *Marlon Brando; The Wild One, 1954* ▶

27 Halbstarker, Rocker, Teddyboy, Blouson Noir: *die proletarischen Rebellen –* ▶
Beginn der Emanzipation einer ganzen Generation

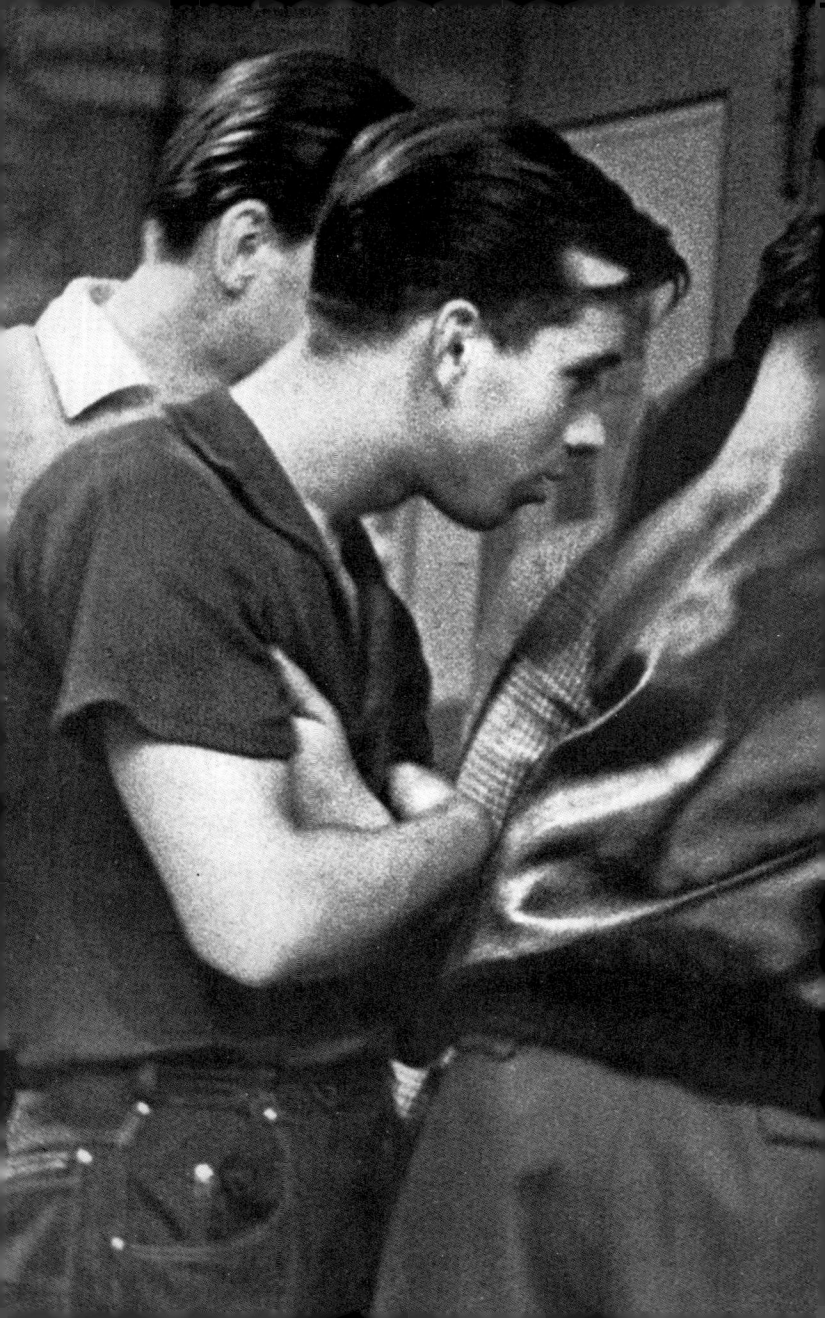

Los von der Erde

Als die 50er Jahre begannen, hatte der Prozeß bereits eingesetzt, mit dem die – Ende des 18. Jahrhunderts begonnene – »Industrielle Revolution« in eine neue Phase trat: Elektronik, Kernenergie, staatlich geförderte Großprojekte wie der Weltraumflug und weltweite Industrialisierung. Bereits das Jahr 1949 hatte ein künstliches Gehirn in Form rechenmaschinenartiger Nachahmung von Denkvorgängen erlebt – nach logischen Regeln, ermöglicht durch elektronische Schaltung. Der Aufwand für solche Entwicklungen war enorm. Allein von 1949 bis 1951 wurde in den USA soviel für Forschung aufgewendet wie von 1790 bis 1949 zusammengenommen. Sechs Jahre später schon zeigte die Weltstatistik, daß neunzig Prozent aller Wissenschaftler die je gelebt hatten, in diesem Augenblick lebten, nämlich 1957. Im selben Jahr war ein sowjetischer Elektronenrechner soweit entwickelt, in vierzig Minuten mit zwanzig Millionen Operationsvorgängen die Luftdruckverteilung über Europa für vierundzwanzig Stunden vorausberechnen zu können. Die Nachricht hat über die Fachpresse hinaus kaum Schlagzeilen gemacht. Sie war zu abstrakt, zu unanschaulich. Ein als wirkliche Sensation empfundenes Ereignis geschah vielmehr später im Jahr, und die Nachricht kam abermals aus der Sowjetunion. Diesmal waren ihr nicht nur Schlagzeilen, sondern Extraausgaben auf der ganzen Welt sicher.

Am 5. Oktober 1957 verbreiteten die Fernschreiber der sowjetischen Nachrichtenagentur *TASS* die Meldung: »Der erste künstliche Erdsatellit der Welt ist Wirklichkeit geworden. Dieser erste Satellit wurde erfolgreich in der UdSSR gestartet.« Der eher unscheinbare Flugkörper – eine Kugel mit Signalsendern und Antennen – nannte sich *Sputnik*, zu deutsch »Begleiter, Trabant« (Abb. 29). Fasziniert und feierlich zugleich konnte die Welt feststellen, eine neue Epoche der Menschheitsgeschichte sei angebrochen. Daß allerdings eine kommunistische Weltmacht sie eingeleitet hatte, stand auf einem anderen Blatt.

Aber auch ohne die machtpolitischen Implikationen war manchem Zeitgenossen der technologische Fortschritt nicht geheuer. In der zweiten Hälfte der 50er Jahre konnte dem aufmerksamen Beobachter die zunehmend rascher verlaufende Entwicklung vom Maschinen- zum Computer-Zeitalter nicht mehr verborgen bleiben. »Die Technik entwickelt ihren Eigenstil..., beginnt den Menschen zu verdecken. Teleforrelais, Atomstationen, kybernetische Schirme, Weltraumraketen, Umspannwerke, Düsenjäger, Erdsatelliten haben kaum noch etwas, das direkt auf den Menschen bezogen ist... Nur noch die Anschlußstücke, die Griffe, Gucklöcher, Hörmuscheln, Druckknöpfe, Schalter und Klinken sind an den Menschen angepaßt, haben menschliches Maß.«[8] (Abb. 30).

28 u. 29 *TASS 1957: »Der erste künstliche Erdsatellit der Welt ist Wirklichkeit geworden...«;* Sputnik I, *Glanzstück des Sowjetpavillons auf der Brüsseler Weltausstellung von 1958*

30 *»Die Technik entwickelt ihren Eigenstil...« – Olivettis Computer* Elea 9003 *von 1959; Design Ettore Sottsass*

Evelyn im Nylonland

Es war 1958. Zwei amerikanische Touristen sahen einer australischen Turnklasse zu, wie sie mit Bambusreifen Gymnastik trieb. Die Sache hätte kaum Folgen gehabt, wären die beiden Amerikaner nicht Inhaber der Firma *Wham-O* gewesen; *Wham-O* fabrizierte Spielzeug. Bald hatte die Firma Plastikringe im Angebot, einen Dollar achtundneunzig Cents das Stück. Sechs Monate später hatte *Wham-O* vierzig Konkurrenten, und 30 Millionen solcher Reifen schlingerten um Amerikas Hüften: »Hula-Hoop«! Europas Produktion wurde nie statistisch erfaßt. Man könnte die – nicht einmal riskante – Spekulation anstellen, daß um 1960 in der westlichen Welt jeder aufrecht gehende Mensch wenigstens einmal den Versuch gemacht hat, so einen Reifen um seine Hüften kreisen zu lassen (Abb. 18).

roll, rock and roll den hula hoop,
die ganze welt tanzt heute hula hoop.
jeder kann es schnell begreifen,
man braucht nur 'nen hula reifen.
drum roll, roll, roll den hula hoop!
– fini busch, 1958

Kurz nach Kriegsende geriet dem Zeichner und Schriftsteller Manfred Schmidt ein amerikanisches *Superman*-Heftchen in die Hände. Obwohl er »fasziniert von der ungeheuren Lesezeitersparnis« war, fühlte er sich herausgefordert, den »Stumpfsinn dieser analphabetischen Blasenliteratur« zu parodieren. Nach eigenem schriftlichen Bekunden kam Schmidt »von Superman befruchtet in einer stürmischen Herbstnacht des Jahres 1950 und unter Rotwein-Anästhesie ziemlich schmerzfrei mit dem spitzköpfigen Meisterdetektiv Nick Knatterton nieder«.[9] Doch ging Schmidts ursprüngliche Idee einer Persiflage ganz und gar daneben. Im Gegenteil, Knatterton machte Furore und den Comic als Literaturform in Deutschland erst richtig populär. Seine verrückten Abenteuer erschienen als Fortsetzungsgeschichte in der Illustrierten *Quick*. Ihr Aberwitz steckte voll von Anspielungen auf das Zeitgeschehen und war zugleich von einer seltenen Mischung aus Künstlichkeit und Popularität. Die Stories waren ziemlich bildungsunspezifisch und jedermanns Sache. Hier passierten Geschichten, wie sie das Leben nicht schrieb: Die Probleme des Maharadschas Nawartmal von Lextropur. Die Methoden des Geschäftsmanns Max Klaut. Die Gefühle der Luftstewardess Tilly Clipper und der Millionärstochter Evelyn Nylon, deren Vater mehrfach vom Schuhputzer zum Millionär aufgestiegen war. In diesem pfiffig-albernen »Strudel der Unterwelt« ist von »Blumen der Gosse« die Rede, von Virginia

manfred schmidt, ca. 1957

Peng, die anständig werden wollte, deshalb »in Killville einen bürgerlichen Mittagstisch aufmachte« und doch ihrem Naturell unterlag, so daß daraus das »erste Bumslokal am Platze« wurde. In der synthetischen Figur der »Pryscilla Cornflake, herbsüße Farmerstochter«, findet sich die Wildwestbegeisterung der 50er Jahre, in »Billy Rillkratz jr.«, Sohn des Grammophonnadel-Trust-Besitzers Billy Rillkratz sen., das damals noch intakte Traumbild Amerika, und die fast schon eskapistisch anmutende deutsche Italiensehnsucht in »Der Stiftzahn des Caprifischers« – Hauptfiguren Camillo Tenoriano, Macco Maffiano und Silvana Busonia. Alles in allem enthalten die keineswegs auf Analphabeten abzielenden, übrigens niemals tödlich endenden Blasengeschichten vielleicht ein konzentrierteres Destillat an Zeitgeist als manche Statistik, sicherlich aber ein amüsanteres.

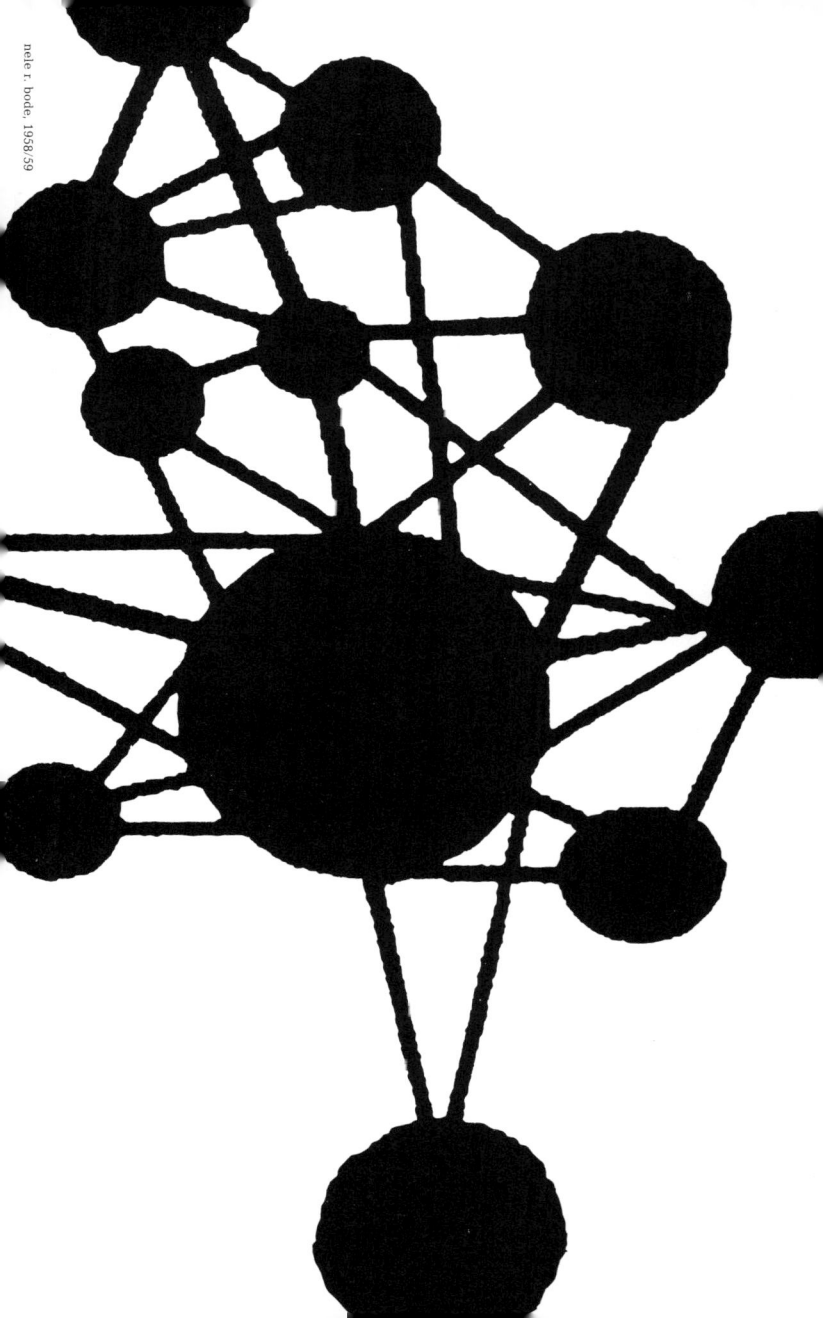

Brüsseler Kaleidoskop

110 Meter Höhe, 1200 Tonnen Gewicht und eine Haut aus schimmerndem Aluminium – so überragte die zwanzig millionenfache Vergrößerung eines »molécule de fer alpha« als Atomium die *Expo '58* in Brüssel (Abb. 7 u. 34).

Erstmals seit der Pariser Weltausstellung *Arts et Techniques,* 1937, gelangte eine Zeit wieder zur Selbstdarstellung auf internationaler Ebene.

Unter dem Motto »Bilanz der Welt für eine menschlichere Welt« inszenierten und projizierten die Nationen ein Bild realer und imaginärer Tatbestände. Gebannt von Chance und Gefahr des Atoms versammelten sich die Nationen zum ersten Mal in der Geschichte der Weltausstellungen zu einer Demonstration, in deren offiziellem Mittelpunkt nicht Apparate standen, sondern der Mensch. An die Stelle der traditionellen technisch-industriellen Leistungsschau setzte die *Expo* von 1958 thematisch den Entwurf einer sich global begreifenden Gesellschaft der Völker. Insofern war es ein idealisierender, utopischer, vielleicht nicht immer glaubwürdiger Entwurf. Was jedoch in Brüssel 1958 bestach, waren weniger die gesellschaftlichen Idealdemonstrationen, als der Einfallsreichtum der Präsentation. Weder die im russischen Pavillon vergötzten Produktionsmittel noch die Versprechung einer konsumtrunkenen Zukunft bei den Amerikanern waren so eindrucksvoll wie die kaleidoskopartige Buntheit der Eindrücke, die unerhörte Simultaneität geistiger und optischer Perspektiven und die beständig wechselnde Akzentuierung der zentralen *Expo*-Themen »Kerntechnik« und »Raumfahrt«.

Neben Beispielen und Vorschlägen zur friedlich genutzten Atomkraft – gewissermaßen die positive Umpolung der seit Hiroshima weltweit dominierenden Existenzangst – brillierte besonders die Sowjetunion mit ihren Raumfahrterfolgen. Der Satellitenstart vom Vorjahr hatte ihr Prestige und Vorsprung gesichert. Das unscheinbare *Sputnik*-Ebenbild – »Fußball mit Fühlern« – bildete den Mittelpunkt der sowjetischen Halle, die im übrigen dem ge-

61

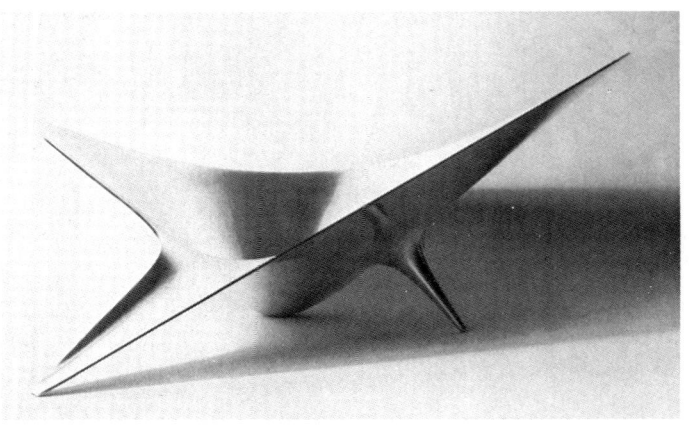

waltig-pompösen Geschmack totalitärer Staaten der 30er/40er
Jahre entsprach. Solcher Tradition entsprach auch das durchsich-
tige Plexiglas-Modell einer russischen Mondrakete. Sie war ge-
mütlich eingerichtet mit geschweiften Füßchen am Rundtisch und
neobarocken Fauteuils für die Astronauten. Spöttisch meinten
westliche Kommentare, so zeigten die Sowjets, daß sie bereits hinter dem Mond wären, bevor sie überhaupt dort angekommen seien.
Es war die Zeit, in der westliches Industrie-Design ästhetisch-funktionale Höhepunkte feierte und sich gerade hier, 1958 in
Brüssel, an allen Ecken stolz vorzeigte. Denn daß die von der *Expo*
beschworene »menschlichere Welt« eine modern gestaltete zu
sein hätte, stand im Westen außer Zweifel.

Am erstaunlichsten waren die Pavillons selbst, besonders solche,
in denen sich das beginnende Raumfahrtzeitalter architektonisch
spiegelte. Die Bauten lasteten weniger als daß sie balancierten. Sie
suggerierten die Illusion »Los von der Erde«. Neben Zirkusnum-
mern in Beton – z. B. der belgische Pavillon – standen aufregend
kühne Entwürfe wie der Pavillon Frankreichs: Neunzig Prozent
seines enormen Gewichts ruhten auf einem einzigen Punkt. Von
ihm stieg die Konstruktion auf und überschirmte mit gigantischen
stählernen Flügeln als hyperbolisch geschwungenes Dach den
Raum. Erfinder des 12 000 Quadratmeter Grundfläche überspan-
nenden Stahlnetzgewölbes war der junge französische Architekt
Guillaume Gillet (Abb. 33).

Für die kunterbunte, künstliche Expo-Architektur existierte kein
Gesamtkonzept. Unaufhörlich durchkreuzten sich die Maßstäbe.

31 u. 32 *Wie sich die Bilder gleichen: Eine 1958 von dem Skandinavier Henning Koppel geschmiedete Silberschale und der im selben Jahr von Le Corbusier entworfene Philips-Pavillon für die Brüsseler* Expo

63

33 *Der französische Expo-Pavillon überschirmte mit einer hyperbolisch geschwunge-*
nen Stahlkonstruktion 12000 Quadratmeter Grundfläche und lastete zu neunzig
Prozent auf einem einzigen Punkt; Architekt war Guillaume Gillet

Rigoros moderne Konstruktionen neben baulichen Wucherungen,
parfümierte Schaubuden neben imperialistischer Herrschaftsar-
chitektur. Die internationale Presse schrieb dementsprechend, in
Brüssel begrüße einen das 20. Jahrhundert mit »baulichen Dres-
surakten«, »Spitzentanz aus Beton«, »Stahlritt über den Bodensee«
und »Spiralturm ohne Sprungnetz unter kupferglänzender Zirkus-
kuppel«. Tatsächlich war an die Stelle auftrumpfender Reprä-
sentationsarchitektur die Ästhetik der »hängenden Flügel« getre-
ten, der »ausgespannten Segel«, der Dächer in Form »fliegender
Rochen« (Abb. 32). Verständliche Extravaganzen: Keines der
Bauwerke war ernsthaft zum Überleben bestimmt, wenn auch zur
Rechtfertigung hoher Kosten oft von Wiederverwendung die Rede
war; ein Schicksal, das die Pavillonarchitektur seit jeher begleitet
hat, die sie bereits am Reißbrett mit dem Demolierhammer rechnen
läßt. Zwar überspannt heute die elegante, im archimedischen
Punkt aufgehängte Brücke des deutschen Pavillons eine Ruhrge-

34 Das »Atomium«: 110 Meter hoch, 1200 Tonnen schwer – die zwanzigmillionenfache Vergrößerung eines Moleküls als Wahrzeichen der Brüsseler Weltausstellung von 1958

biets-Autobahn, aber einzig das Atomium, Wahrzeichen nicht nur der *Expo '58*, sondern eines ganzen Jahrzehnts, und insofern ein Monument besonderer Art, sollte in Brüssel erhalten bleiben. In seinen neun Kugeln von je achtzehn Metern Durchmesser befinden sich seither Ausstellungen und Restaurants, die – wie damals – durch drei Meter breite Streben über Rolltreppen verbunden sind. Von diesem »Idol des endnaturwissenschaftlichen Zeitalters« blickte man 1958 – zehn Jahre vor dem internationalen Massentourismus – verwundert auf eine Modellwelt, auf die Miniaturlandschaft der Staaten hinab und tat sich mit seinem Urteil schwer:

»...man sieht beispielsweise den französischen Pavillon vor dem deutschen durch Kühnheit der Konstruktion brillieren; eine kleine Verschiebung der Perspektive nur, und Deutschlands ungemein saubere, harmonische und vor allem brauchbare, anwendbare Architektur distanziert den französischen Schmetterlingsbau als effekthaschende, nutzlose Spielerei... Im Vergleich zur sowjetrussischen Sturheit... wirkt die amerikanische Schau frisch, fröhlich, frei. Verglichen mit der stilvollen Bescheidung, der stillen und klaren Humanität der Norweger etwa tritt ihr raffinierter Rummel- und Reklamecharakter schärfer und störender hervor. Das kommunistische Pathos ist bei den Jugoslawen angenehmerweise nicht so stark wie bei den Russen, aber vor dem Hintergrund der einzigartigen britischen Selbstpersiflage nimmt es sich immer noch als Schwindel aus. Dafür hat dann die englische, finster-feierliche Repräsentation der Monarchie einen um so schlechteren Stand gegenüber der ganz und gar unpathetischen holländischen...«[10]

Slogans der Brüsseler Weltausstellung von 1958

»Nicht alles darf der Mensch tun, was er kann«
(BRD)

»Der Frieden ist das Glück der Völker«
(UdSSR)

»In England gibt es 6500 Bürger, die John Smith heißen«
(GB)

»Alle Bürger sind zur Arbeit verpflichtet«
(CSSR)

»Die Zeit – ein Schweizer Wertbegriff«
(CH)

»Die Sachbegegnung im Werkunterricht verhindert die Aufspaltung in Sein und Tun«
(BRD)

»In England gibt es 6 Millionen amtlich erfaßte Kanarienvögel«
(GB)

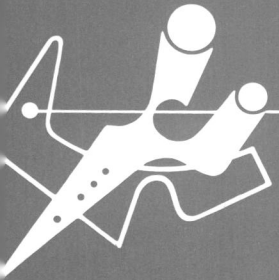

Diagonal geknöpft

Pierre Balmain, Christobal Balenciaga, Christian Dior, Jean Patou, Jacques Fath, Nina Ricci, Jacques Griffe, Carven, Maggy Rouf, Jacques Heim, Marcel Rochas, Guy Laroche, Hubert Givenchy, Castillo... die letzten Repräsentanten einer Diktatur, die mit den 50er Jahren zu Ende ging – das französische Weltreich der Mode.

Seit dem 14. Jahrhundert hatte Frankreich Mode exportiert, und mit ihr – wichtiger noch – teures französisches Tuch. Kleiderpuppen waren als Beispiel Pariser Eleganz an Europas Höfe geschickt worden. Auch als später aus Puppen Mannequins und Modeblätter wurden, als nicht mehr der internationale Adel, sondern das internationale Bürgertum unseres Jahrhunderts die Kundschaft stellte, blieb die Mode an Paris gebunden – bis die 60er Jahre mit Mary Quant, Courrèges und Jeans-Kultur das Ideal der Dame ablösten und damit Paris ein Monopol verlor. Zum ersten Mal seit Jahrhunderten ignorierte die Mode die »Frau«. Was 1947 als die triumphale Weiterführung einer institutionalisierten Geschmacksdiktatur erschienen war – Christian Diors *New Look* – sollte sich als die letzte große Frauenmode überhaupt und das Ende einer langen Tradition erweisen.

»Es war keineswegs ein ›New Look‹, sondern ein ›Last Look‹, ein letzter Blick auf eine entschwindende Welt. Es war der Nachglanz des untergehenden französischen Geschmacks, der die zivilisierte

35 »X-Linie«; *Kleid von Christian Dior. 1950*

36 »O-Linie«; *Kostüm von Christian Dior, 1951*

37 »X-Linie«; *Kostüm von Maggy Rouff, 1951*

38 »V-Linie«; *Mantelkleid von Lanvin-Castillo, 1956*

39 »Sack-Linie«; *Mantel von Christian Dior, 1957* ▶

Welt 40 Jahre lang geprägt hatte und die letzte kokette Frauenmode, bevor Baby Dolls, Pop-Mode und Miniröcke siegten.«[11]

Die Firma Lucien Lelong hatte den Krieg überlebt, und mit ihr eine für Frankreichs kulturelles Prestige und seine Ökonomie gleichermaßen wichtige Industrie, die *Haute Couture*. Lelongs zweiter historischer Beitrag zur Mode-Geschichte bestand darin, zwei junge Männer engagiert zu haben, die wenige Jahre später zu den Stars ihrer Zunft zählen sollten, nämlich Pierre Balmain und Christian Dior. Letzterer hatte einst politische Wissenschaften studiert, dann eine – erfolglose – Kunstgalerie gegründet und schließlich als Dreißigjähriger angefangen, Kleider zu entwerfen. 1946 schließlich eröffnete er den Salon, in dem 1947 jener berühmte *New Look* entstand, der international die weibliche Silhouette veränderte: Nach Jahren strenger Kleider und knapper Schneiderkostüme schwangen nun unter engen Taillen wieder lange, voluminöse Röcke. Die Materialknappheit, das Drehen und Wenden getragener Stoffreste war eindeutig zu Ende. Die Frauen nahmen das beglückt zur Kenntnis, und ebenso Monsieur Boussac, größter Textilindustrieller Frankreichs. Er einigte sich mit Dior, richtete ihm einen atemberaubend luxuriösen Salon in der Pariser Avenue Matignon ein und half ihm, hinter der eleganten Fassade eine Organisation auszubauen, wie sie bisher kein Modehaus je gekannt hatte (Abb. 35, 36, 39, 40).

Vielleicht war Dior nicht einmal der schöpferischste unter den Modeschneidern der 50er Jahre, aber er war der einflußreichste und der erste, der ein modisch bestimmtes kommerzielles Imperium aufbaute. Wie er den kreativen Schlußpunkt einer Tradition bildete, demonstrierte er seiner Branche auch bereits, was sie erwartete: eine von Märkten, anonymen Käuferinteressen und Management bestimmte Zukunft.

statt weiß trag' rot,
das ist die farbe der liebe,
so weiß der mann gleich bescheid!
trag' blau statt grün
das ist die farbe der treue,
dann spricht für dich dein kleid.
wenn du eifersüchtig bist
trage gelb, wenn er dich küßt
oder zieh' mal lila an,
daß er nichts erraten kann.
statt weiß trag' rot,
das ist die farbe der liebe,
die kennt ein jeder mann!
– ralph maria siegel, 1957

40 *Kostümkleid von* ▶
Christian Dior, 1951

70

1947 mit drei Arbeitsräumen und 85 Helfern begonnen, waren daraus nur sechs Jahre später sechs Firmen, 16 angeschlossene internationale Vertretungen und mehr als tausend Angestellte geworden. 1958 verkaufte die Firma halbsoviel wie alle Pariser Modehäuser zusammen.

Nachdem Christian Dior 1957 gestorben war, wurde Yves Saint-Laurent künstlerischer Chef des Hauses. Seine erste Kollektion von 1958 war ein großer Erfolg. »Saint-Laurent hat Frankreich gerettet« riefen, laut *Vogue*, die Zeitungsverkäufer. Die Besucher der Vorführung jubelten, weil ein Imperium gerettet schien, sie weinten, lachten und applaudierten; eine Stunde lang konnte keiner den Saal verlassen. Als es Herbst wurde, hatte ganz Paris offiziell seine neue Rocklänge akzeptiert – nur um festzustellen, daß »YSL« sie bereits wieder neun Zentimeter tiefer ansetzte…

Um dieselbe Zeit kehrte eine Frau zurück, die eine ganze Generation früher, noch in den 20er Jahren, zu Moderuhm gekommen war, die die Branche nie vergessen hatte – Coco Chanel. Sie traf auf eine, anders als vor dem Krieg, ausschließlich von Männern beherrschte Szene. Weder die große Madeleine Vionnet noch Jeanne Lanvin spielten noch eine Rolle. Und was Coco Chanel nun vorfand, provozierte ihren Protest: kapriziös abstehende Boleros, Korsett-Taillen, eingesetzte Dreiviertelärmel, »halsferne« Schalkragen, asymmetrische Dekolletés, mit Straß und Federn dekorierte Kappen aus Nylon-Plüsch, diagonale Knopfleisten, schräge Taschen, propellergroße Schleifen auf dem Gesäß… Für Coco Chanel alles anatomische Vergewaltigungen, Albernheiten, denen sie mit ihrer entwaffnend einfachen, inzwischen vierzig Jahre alten Philosophie beikam: »Eine Frau sollte wichtiger sein als ihre Kleider!« Es wurde ihr großes Comeback. Cocos *Cardigan Suit*, ohne Korsett zu tragen, mit Taschen für Schlüssel und Zigaretten, wurde zum Erkennungszeichen internationalen Schicks. Es war die gepflegte Eleganz der Frau über Dreißig, die keinen Teenager-Dress mehr wollte, aber auch nicht die exaltierten Kapriolen der Laufstege mit ihren Streitereien um A-Linie, H-Linie, Linien-Linie und tulpenförmige Röcke »à la hollandaise« (Abb. 35–41).

◀ 41 *Mantel von Lanvin-Castillo, 1956*

erberto carboni, 1952

pour la haute mode ....

feutres Montézin

43 *Werbe-Illustration von Gruau, dem »Erté der 50er Jahre«; ein Freund Christian Diors und Frankreichs größter Modezeichner*

Werbung statt Reklame

»Das harte wirtschaftliche Muß verlangt nach Wagemut. Der Geschäftserfolg wird in Zukunft durch phantasievolle, schöpferische Reklame bestimmt sein, und diejenigen, welche ihr Niveau nicht erhöhen, werden ins Hintertreffen geraten.«[12] Auch Reklame und Propaganda, bald nur noch Werbung genannt, sahen sich um 1950 vor einer neuen Situation. Es ging um den Wieder- und Neuaufbau zerstörter Märkte. Mit den amerikanischen Konsumgütern kamen

◀ 42 *Sophia Loren, 1959 porträtiert von Irving Penn*

44 *Eine neue Art von Werbegrafik: Filmplakat von Saul Bass*

auch amerikanische Verkaufsmethoden nach Europa. Marktforschung nach verkaufsstrategischen Gesichtspunkten wurde zur Aufgabe internationaler, hochprofessioneller Werbeagenturen. In ihrem Schatten starb der alte Typ des individuellen Reklamekünstlers, der »Werbepinsel«, immer rascher aus.

Trotzdem, oder deshalb, wurde das gebrauchsgrafische Niveau besser. Auch hier reichten die Wurzeln weit in den Fundus der modernen Kunsterfindungen des ersten Viertels des Jahrhunderts zurück. Die besonders vom Surrealismus geprägte Gebrauchsgrafik der 30er und 40er Jahre, mit ihren suggestiv auf die Werbebotschaft hin collagierten Bildmotiven, wurde direkter. Wieder ging die Sachfotografie, wie schon einmal in den konstruktivistischen 20er Jahren, eine enge Verbindung mit der Typografie ein, die aus Bauhaus, Dadaismus, De Stijl, Futurismus usw. ihre wesentlichsten modernen Impulse bekommen hatte. Besonders schweizerische und amerikanische Grafiker prägten das neue *Graphic Design*. Lehrer der Züricher Kunstgewerbeschule wie Armin Hoffmann oder Josef Müller-Brockmann formten ganze Semester-Generationen von Grafikern, die in ihrer Arbeit – neben der zu übermittelnden Werbebotschaft – eine große formale und ethische Verantwortung sahen. Heute kaum mehr vorstellbar, wurde auch dieser gestalterische Bereich von einer Art ästhetischer Gläubigkeit beherrscht, die Litfaßsäulen humanisierende Wirkung zusprach, wenn sie nur mit schön gestalteten Plakaten beklebt waren.

Die Ambitionen des Graphic Design gingen häufig über die bloße Produktwerbung hinaus. Zum Beispiel bei dem Amerikaner Herb Lubalin, Professor für »visuelle Kommunikation« an der *Cornell University*, der mit seiner Arbeit seit 1940 international einflußreich war. Oder bei seinem Landsmann Saul Bass, der dem Metier den Film erschloß; von ihm stammen unter anderem die gezeichneten Film-Titelvorspanne zu *Der Mann mit dem goldenen Arm*, *West Side Story* und der meisterhafte Nachspann zu *In 80 Tagen um die Welt*, der in sechs Minuten zeichnerisch die Drei-Stunden-Handlung des Films rekapituliert (Abb. 44).

Eine andere, zusätzliche Aufgabe des Graphic Design wurden die Zeitschriften, deren Layouts seit den späten 30er Jahren meist vage und formal unsicher geworden waren. So wurde z. B. das typografische Rasterprinzip, das der deutsche Grafiker Willy Fleckhaus für die Zeitschrift *twen* entwarf, zusammen mit einer veränderten Bildregie zum einflußreichen Modell für eine Vielzahl illustrierter Zeitschriften.

Besonders deutlich stellte sich der Zeitgeist der 50er Jahre in *magnum* dar. Diese deutsche »Zeitschrift für das moderne Leben« wurde von Karl Pawek herausgegeben. Neben ihrem mustergültigen optischen und redaktionellen Aufbau ist noch heute, blättert

45 u. 46 *In den 50er Jahren entstand Bill Brandts berühmte Fotoserie, die 1961 als* Perspective of Nudes *in Buchform erschien*

man in den alten Heften, viel von der mit Hingabe gesuchten Nähe zu den ästhetisch-kulturellen Strömungen ihrer Zeit zu spüren. Nach eigenem Bekunden war *magnum* »ein Seismograph seiner Zeit«. Lieblingsthema war die zeitgenössische »Modernität«, die als »gute Form«, als »neuer Stil«, als »heutige Intelligenz« das Ge-

sicht der 50er Jahre mitprägte. Zugleich war *magnum* eine Zeitschrift, die gesellschaftliche Zusammenhänge zu begreifen und darzustellen suchte. »Die Wirklichkeit ist nun einmal sehr komplex, und man ist noch lange kein Materialist, wenn man sich nicht darauf beschränkt, Ästhet zu sein.«[13]

Das subjektive Objektiv

Magnum war auch der Name einer losen Verbindung internationaler Fotografen. Der Name ging auf einen Vorschlag Robert Capas zurück, 1947 Gründungsmitglied dieser Gruppe. Wie er, der später bei einem fotografischen Auftrag im Indochina-Krieg umkommen sollte, so definierten auch die anderen Mitglieder von *Magnum* – darunter Henri Cartier-Bresson, Brian Brake, Werner Bischof, Ernst Haas – ihre Berufsauffassung: »So besteht eine große Übereinstimmung unter Magnum-Fotografen: ihre photographische Lauterkeit, ihre Achtung vor der Wirklichkeit, ihre aufgeschlossene Einstellung gegenüber dem Menschlichen, ihre Suche nach Gefühlswerten, ihr Bemühtsein um Komposition und Layout, ihre Bewußtheit gegenüber dem Spannungsablauf einer Bildgeschichte.«[14]

Dieses Statement findet sich im *photokina*-Katalog von 1956. Seit 1950 waren die – parallel zur Kölner Fachmesse der internationalen Fotoindustrie stattfindenden – »Bilderschauen« zu einem international bedeutendem Forum der Fotografie geworden. Angeregt vom Präsidenten des Fotoverbandes, Dr. Bruno Uhl, schuf L. Fritz Gruber die künstlerische und organisatorische Konzeption dieser »Bilderschauen«. Sie wurden zu einer regelmäßig wiederkehrenden »deutschen Weltausstellung der Fotografie« von stilbildender Wirkung.

Als die *photokina* 1958 die Sonderschau *Subjektive Fotografie 3* zeigte, war aus einem Experiment bereits eine Mode geworden. Sieben Jahre zuvor, 1951, hatte der Exmediziner Otto Steinert in den Rohbauten der Saarbrücker Werkkunstschule diese »alle technischen und gestalterischen Möglichkeiten nutzende« Bildsprache zum ersten Mal ausgestellt und »subjektive Fotografie« genannt (Abb. 47).

»Unter der Bezeichnung ›subjektive Fotografie‹ wurde seine Richtung in der ganzen Welt bekannt. Sie beruhte auf der Überzeugung, daß die Vollendungsstufe der Fotografie bei einer ›darstellenden oder absoluten oder grafischen Gestaltung‹ liegen müßte, bei der ›der Gegenstand, das Motiv, nicht mehr um seiner selbst willen aufgenommen, eher vielmehr von seiner Eigenbedeutung zum Objekt der Gestaltungsabsicht herabgesetzt wird‹. Oder bei der die Fotografie ›in ihrer freiesten Form‹ auf jede objektive Wiedergabe verzichtet oder durch die fotografischen Variationsverfahren den Gegenstand entneutralisiert, beziehungsweise in der Sicht soweit abstrahiert, ›daß er nur noch Formelement, Baustein der Komposition wird‹.«[15]

47 *Subjektive Fotografie – »... die alle technischen und gestalterischen Möglichkeiten nutzende Bildsprache«; hier der fochweltbekannte Schwarze Akt vom Nestor der Bewegung, Otto Steinert* ▶

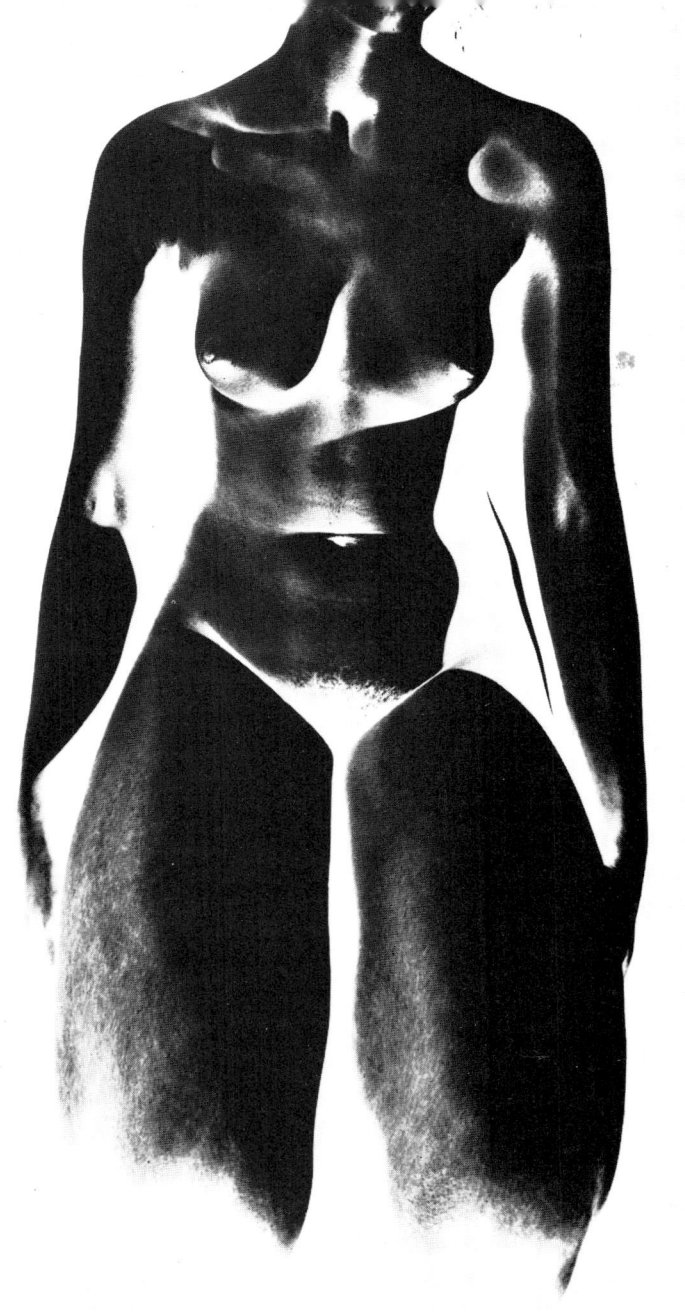

Realistische Träume

Nach dem Krieg glaubte man, die Menschen würden nur noch die reine Wirklichkeit oder die reine Illusion hinnehmen.

Mit den politischen waren auch viele der filmischen Lügen offensichtlich geworden. Das Ende der Traumfabrikation schien die Konsequenz aus den vernichteten offiziellen Träumen. Die neue Aufrichtigkeit versprach eine neue Menschlichkeit. Sie wurde als »Neorealismus« zuerst und am eindrucksvollsten im ehemals faschistischen Italien verwirklicht. Roberto Rossellini drehte mit starkem Pathos, aber ohne Drehbuch, ohne Atelier und ohne Stars seine »Chroniken« über Krieg und Nachkriegszeit – *Rom offene Stadt*. Neben ihm arbeiteten Vittorio de Sica – *Fahrraddiebe* –, Luchino Visconti – *La terra trema* – und andere.

In Deutschland versuchten Regisseure wie Helmut Käutner – *In jenen Tagen* – oder Wolfgang Staudte – *Die Mörder sind unter uns* –, die von der politischen Diktatur gezüchtete verlogene Filmproduktion zu überwinden und zugleich das politisch zwar offiziell überwundene, aber tatsächlich noch immer virulente nazistische Erbe darzustellen.

Frankreichs Film dagegen, dessen realistische Tradition nie wirklich abgebrochen war, brauchte sich von der Traumfabrikation nicht so emphatisch loszusagen, weil seine Träume eigentlich nie Lügen gewesen waren. In Frankreich, einem Land mit ausgeprägtem cineastischen Bewußtsein, kam dafür eine um so folgenreichere Entwicklung in Gang, der »Film der Autoren«. Initiiert und mit der Kamera verwirklicht von den Journalisten Truffaut, Godard und Chabrol, die bis dahin nur in den *Cahiers du Cinéma* über Film geschrieben hatten, entstand mit der »Neuen Welle«, der *Nouvelle Vague*, Frankreichs Reaktion gegen den kommerziellen Film. Ihr betonter Subjektivismus ignorierte provokativ jede ökonomische Erzählform und verleugnete zugleich auch die übliche motivierende Psychologie. Diese Billigproduktionen der Franzosen wurden zum impulsgebenden Modell für den internationalen »Jungen Film«.

Am schwersten lastete der Vorwurf, eine Traumfabrik zu sein, natürlich auf Hollywood. Zuerst erspürten dort Filme wie William Wylers *Die besten Jahre unseres Lebens* und Edward Dmytryks *Das Haus der Sehnsucht* eine Entwicklung, jenen »Aufbruch zur Wahrheit«, der zu einer ganzen Welle von z. T. pathetisch-hoffnungsvollen Hollywood-Filmen führen sollte, als Italiens Neorealismus dort bekannt geworden war. Gleichzeitig lief zwar die Produktion qualitativ harmloser und ideologisch oft miserabler Gebrauchsware weiter, doch wurden die erinnernswerten Filme von einer eher kritischen Haltung bestimmt, einem fragwürdig gewordenen, bankrotten Vertrauen und bisweilen von offenem Pessimismus. »Die einfachen und wahren Prinzipien«, auf die der »gute Staat Amerika« gegründet war, begannen sich im Spiegel des Films ernsthaft zu verzerren, und daß viele der jüngeren Regisseure aus der Schule des Kriegsdokumentarfilms kamen, wirkte sich nun aus – *Reporter des Satans*, *Boulevard der Dämmerung*, *Die Faust im Nacken*. Nur allmählich versachlichte sich die Sprache wieder, allerdings auf eine nicht minder intensive Weise – *Die zwölf Geschworenen*, *Wege zum Ruhm*.

Gleichzeitig und scheinbar freigesetzt durch die strapaziöse realistische Illusionslosigkeit feierte der totale Schein, nämlich das Film-Musical, größte Erfolge. Wie auch der realistische Film, hatte es seine Geburt noch im Krieg erlebt. Mit der Absicht, für Augenblicke vom Terror der Wirklichkeit abzulenken, gelang diesem Genre tatsächlich eine Befreiung von der Wirklichkeit: Der schöne Schein wurde autonom. In seinen gelungensten Werken trat die filmische Erfindung schließlich gar der Wirklichkeit fordernd entgegen und triumphierte über sie in deutlich irrealer, nicht mehr bloß illusionärer Weise.

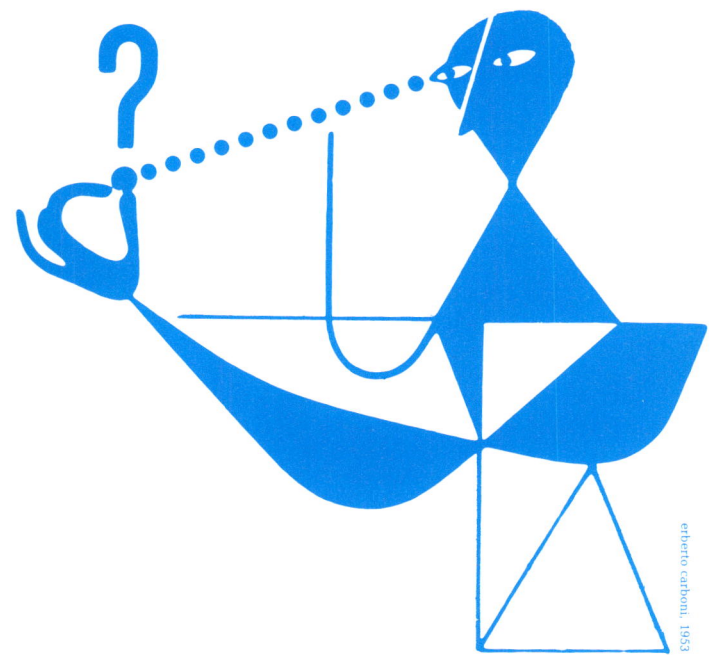

erberto carboni, 1953

1949 – Carol Reed: **Der dritte Mann**; mit Orson Welles
1950 – Jean Cocteau: **Orphée**
1951 – Vittorio de Sica: **Das Wunder von Mailand**
  – Elia Kazan: **Endstation Sehnsucht**; mit Vivien Leigh
  und Marlon Brando
  – Hans Deppe: **Grün ist die Heide**; mit Sonja Ziemann
  und Rudolf Prack
1953 – Fred Zinnemann: **Verdammt in alle Ewigkeit**; mit Burt
  Lancaster und Frank Sinatra
  – William Wyler: **Ein Herz und eine Krone**; mit Audrey
  Hepburn und Gregory Peck
  – Henry Koster: **Das Gewand**; erster abendfüllender Ci-
  nemascope-Film
1954 – Helmut Käutner: **Des Teufels General**; mit Curd Jür-
  gens
  – Helmut Käutner: **Die letzte Brücke**; mit Tilla Durieux,
  Maria Schell und Bernhard Wicki
  – Laslo Benedek: **Kinder, Mütter und ein General**
  – Federico Fellini: **La Strada**; mit Giulietta Masina und
  Anthony Quinn
  – Elia Kazan: **Die Faust im Nacken**; mit Marlon Brando
  – Edward Dmytryk: **Die Caine war ihr Schicksal**; mit
  Humphrey Bogart
1955 – Elia Kazan: **Jenseits von Eden**; mit James Dean
  – Elia Kazan: **Baby Doll**; mit Carroll Baker
  – Billy Wilder: **Das verflixte 7. Jahr**; mit Marilyn Monroe
  – Alexander Mackendrick: **Ladykillers**; mit Kathy John-
  son und Alec Guinness
  – Helmut Käutner: **Himmel ohne Sterne**
  – G. W. Pabst: **Es geschah am 20. Juli**
  – Jules Dassin: **Rififi**; mit Jean Servais
1956 – In der Bundesrepublik gibt es 6500 Kinos mit 2,7 Mil-
  lionen Plätzen; 87 Prozent der Besucher legen Wert auf
  die **Wochenschau**
1957 – Sidney Lumet: **Die zwölf Geschworenen**
  – Laurence Olivier: **Der Prinz und die Tänzerin**; mit Marilyn Monroe

1958 – Kurt Hoffmann: **Wir Wunderkinder**; mit Johanna von Koczian
- Claude Chabrol: **Die Enttäuschten**
- Louis Malle: **Die Liebenden**; mit Jeanne Moreau
- Die Spielfilmproduktion in der Bundesrepublik beträgt 115 Filme; in fünf Jahren werden es nur noch 63 sein
- Wolfgang Staudte: **Rosen für den Staatsanwalt**; mit Martin Held und Walter Giller
- Bernhard Wicki: **Die Brücke**
- Claude Chabrol: **Schrei wenn du kannst**
- Jean-Luc Godard: **Außer Atem**; mit Jean-Paul Belmondo
- Alain Resnais: **Hiroshima mon amour**
- Federico Fellini: **La dolce vita**; mit Anita Ekberg und Marcello Mastroianni
1960 – John Huston: **Nicht gesellschaftsfähig**; mit Marilyn Monroe
- Alain Resnais: **Letztes Jahr in Marienbad**

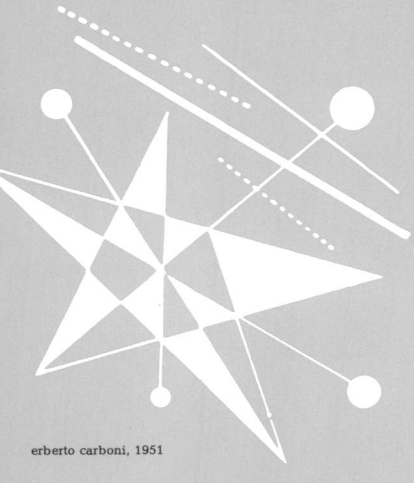

erberto carboni, 1951

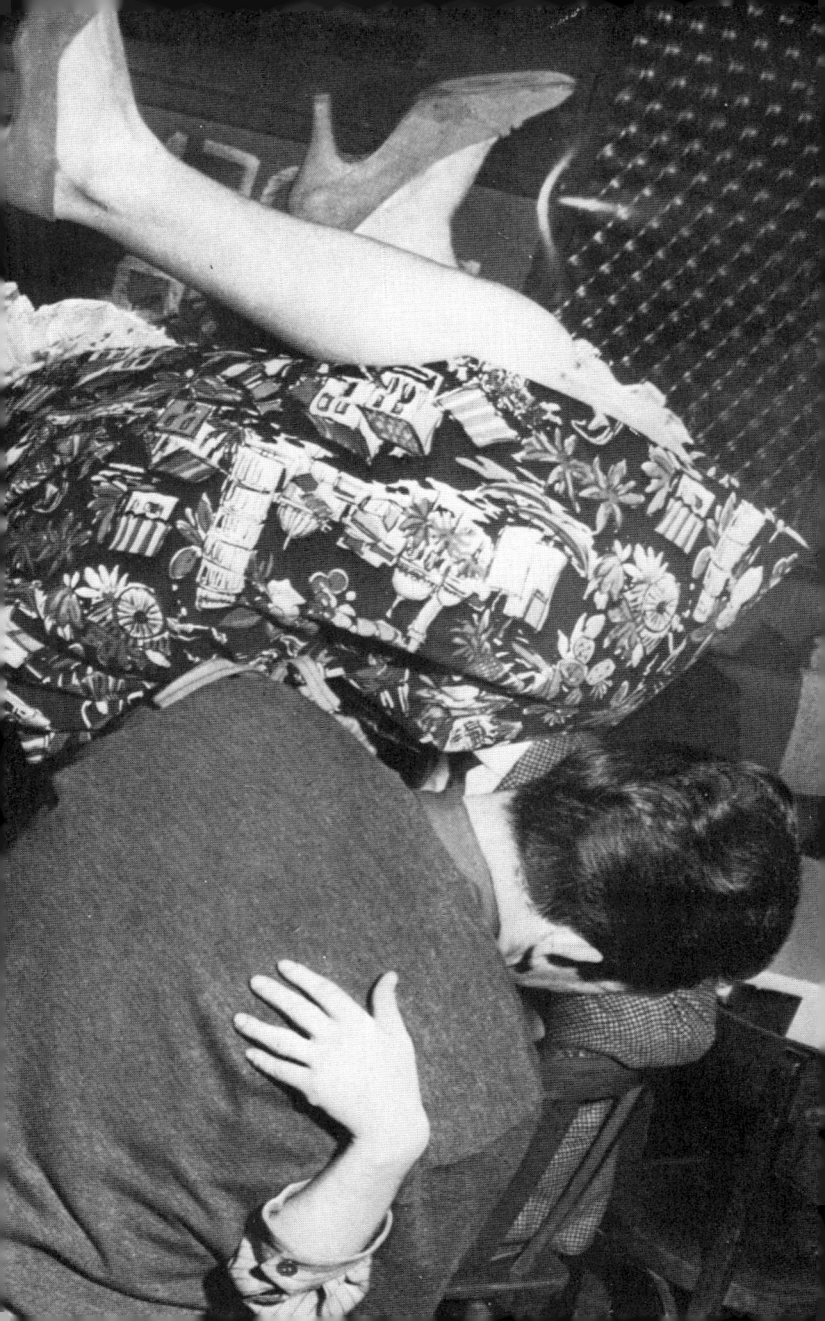

49 »... als Elvis ans Mikrophon trat und seine elektrische Gitarre aufbrüllen ließ, war klar, daß er anders war – er war die Gegenkraft zu den Frustrationen der jungen Generation. Dafür feierten sie ihn wie einen Gott.«

48 Titel dieses Archiv-Fotos: »Teenager bei Nacht«

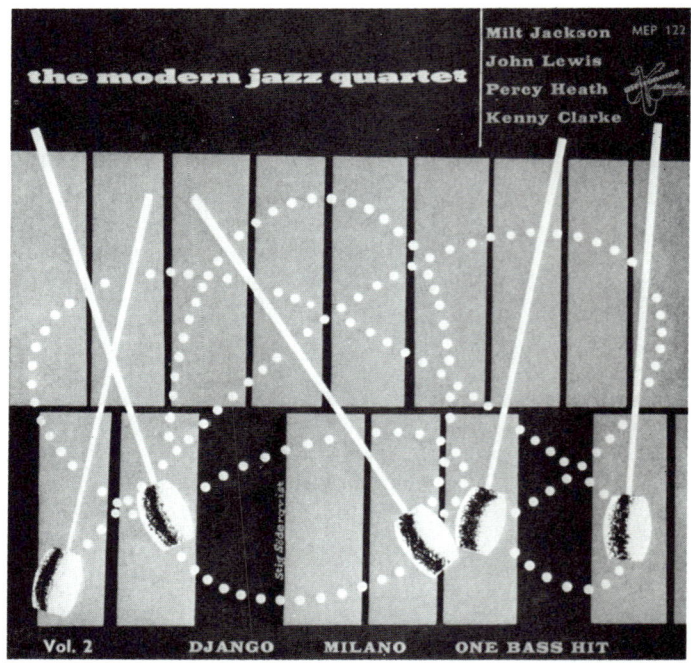

50 u. 51 *Zeitgenössische Plattenhüllen. Vor – und später neben – dem amerikanischen Rock 'n' Roll beherrschten zwei andere Vorstellungen die Musik der Zeit: der internationale Jazz und Europas Neue Musik*

in santa lucia, wenn die sonne versinkt,
ein lied von der liebe
so zärtlich erklingt.
in santa lucia treibt das meer still dahin
und ich sag' dir heimlich,
wie gut ich dir bin!
die ersten sterne funkeln am weiten firmament,
wenn heiß ein kuß im dunkeln auf deinen lippen brennt.
in santa lucia, ich gesteh' es dir ein:
ich glaube im himmel kann es schöner nicht sein!
mandolino, mandolino spiel' du schwarzer signorino,
mandolino, mandolino beim roten vino.
– ralph maria siegel, 1949

musique concrète 1959

n° 1

BAM   EX 241

Musiktage

Ebensowenig illusionär, dafür in seiner Wirkung um so handgreif-
licher war der Triumph eines amerikanischen Films, der 1955 als
Die Saat der Gewalt in Westdeutschlands Kinos kam. Mehr als der
Film selbst blieb seine Musik den Besuchern – und Kinobesitzern –
in Erinnerung. Sie hatte den Effekt eines Schlachtrufes. Die von
ihm mobilisierte Generation beförderte die Repräsentanten des
neuen Sounds zu frenetisch bejubelten Leitbildern – Leitbildern,
die ihnen erstmals ganz allein gehörten.

Zum größten, nahezu religiösen Idol avancierte ein 21jähriger
Lastwagenfahrer aus dem amerikanischen Memphis. Sein erster
Fernsehauftritt war Teil der braven *Dorsey Brothers TV Show.*

»In dem Augenblick, als Elvis ans Mikrophon trat und seine
elektrische Gitarre mit einer Reihe weit ausholender Schläge aufbrüllen ließ, war klar, daß er anders war. Seine Stimme schrie und
zitterte, als ob auch sie elektrifiziert sei; und so frei stieß, ächzte
und schüttelte er sich durch die Show, daß Ed Sullivan ihn als ›un-

tragbar für ein Familienpublikum‹ ablehnte.«[16] »Presley war die pure Naturgewalt: frei, rauh, mit alten Normen nicht mehr meßbar. Er war die Gegenkraft zu den Frustrationen der jungen Generation. Er gab an, lächelte von oben herab, ließ sich nichts gefallen, hatte eine geradezu aufdringliche Sexualität. Dafür feierten sie ihn wie einen Gott (Abb. 49).«[17]

Rock'n'Roll, die stampfende Mixtur aus Country Western, Neger-Rhythmen und Blues beendete die Alleinherrschaft der sanftantiseptischen Unterhaltungsmusik und etablierte eine bis auf den Tag geltende Tradition. Indem dieser Rhythmus sich untrennbar mit einer Generation verband, von der gesellschaftlich maßgebende Forderungen ausgingen, war sie mehr als sie zuerst schien: Radau. Es war vielmehr die erste Form der Artikulation noch nicht aussprechbarer Empfindungen und der Beginn einer sich verändernden Gesellschaft.

Um präzis-rationale Artikulation bemühte sich dagegen die *Neue Musik*. In ihr erlebte die Kunstmusik einen ihrer letzten, international vergleichbaren Höhepunkte, und sie korrespondierte mit dem deutlich rational geprägten, oft extremen Formwillen, für den die 50er Jahre so viele Beispiele liefern.

Wie so vieles, wurzelte auch die *Neue Musik* in der 20er-Jahre-Tradition, bei Schönberg und Strawinsky. Trotzdem ist sie ganz mit dem Auftreten der Komponisten Boulez, Nono und Stockhausen zu Anfang der 50er Jahre verbunden. Ihre *serielle Musik* unterwarf Tonfolge und Dynamik dem Gesetz von Reihen und hing eng mit der Entwicklung rein elektronisch erzeugter Klänge zusammen, die schon Anfang der 50er Jahre das Stadium des Experiments verlassen hatte.

Als um 1955 serielles Prinzip und totale Determiniertheit an Interesse verloren, kamen starke, der musikalisch-akademischen Verödung entgegenwirkende Anregungen von dem amerikanischen Komponisten John Cage. Er propagierte, Klanggestalt und -ablauf dem Zufall zu überlassen und berief sich dabei auf asiatische Philosophien. Cages Einfluß auf das amerikanische Denken war enorm. Darüber hinaus waren seine radikal-revolutionären Ideen mitentscheidend für Kunstformen der späten 50er Jahre, als Cages Zusammenarbeit mit Künstlern wie Jasper Johns und Robert Rauschenberg schließlich zu den ersten *Happenings* führte.

Das kulturelle Leben der 50er Jahre erscheint als eine erstaunliche Mischung, in der oftmals verklemmte Albernheiten und ehrgeizige Postulate unvermittelt aufeinandertreffen. Es war durchzogen von einer unsicheren Suche nach neuen Bestimmungen. Keinem Kodex, keiner deutlichen gesellschaftlichen Ordnung folgend, reflektierte die Kultur den Aufbruch eines neuen histori-

die lieben alten lieder
von wald und feld und flieder,
die legen wir alle auf eis
und singen und singen mal heiß!
rocky tocky baby kommt aus tampico,
von den blauen bergen fern in mexico.
rocky tocky baby macht die männer toll,
und sie finden baby einfach wundervoll,
rock rock bill, der ist ihr kavalier.
rock rock bill tanzt jede nacht mit ihr,
rocky tocky baby ist musikverrückt
und es ist von jedem neuen tanz entzückt!
– kurt feltz, 1957

hap grieshaber, ca. 1958/59

schen Abschnitts: den einer Nachkriegszeit, die noch weit davon entfernt war, alle Ursachen des unmittelbar Vorausgegangenen wirklich zu begreifen. Und jener quasi dissonante Optimismus, mit dem der Gegenwart begegnet wurde, trug nicht selten die Züge einer kulturellen Notwehr. Es war der Mut der nicht Verzweifelten, aufgebracht auch um den Preis eventueller postumer Lächerlichkeit. Aber was heißt das schon? Aus der geschichtlichen Distanz von 20 Jahren läßt sich gut lachen.

Immerhin, freilich unvermeidlich, legten die 50er Jahre eine bemerkenswerte Saat für das folgende Jahrzehnt, in welchem sie unübersehbar aufging. Wir sind geneigt, den vielbestaunten 60er Jahren auch das als Leistung anzurechnen, was eigentlich ihr Erbe aus den 50ern darstellt. Substantiell zumindest war in den 50er Jahren das Spätere bereits angelegt, der stabilisierte ökonomische Hintergrund wie die kulturellen Phänomene: Ohne Elvis Presley hätte es vermutlich keine Beatles gegeben, ohne Halbstarke keine antiautoritären Reformen, ohne Richard Hamiltons Ausstellung *This is tomorrow* vielleicht keinen Warhol, ohne Sputnik keine Mondlandung, ohne *Neue Welle* keinen Faßbinder, ohne Dien Bien Phu keinen Vietnamkrieg…

erberto carboni, 1951

die moderne kunst

Der ästhetische Fundus

Die statistische Bewertung der modernen Kunst sah 1955 so aus: Von 100 Westdeutschen bejahten sechs vorbehaltlos die moderne »Malerei im Picasso-Stil«, 32 sagten unverhohlen nein, elf waren unentschieden. Und die Hälfte, 51 Prozent, war nicht nur an Picasso, sondern an der ganzen Frage nicht interessiert.[18]

1955/56 schrieb die Zeitschrift *Architektur und Wohnform* über die Entwicklung der allgemeinen Ästhetik in den ersten zehn Nachkriegsjahren. Nicht Willkür und Absicht, sondern »stilbildender Zwang« bestimme die gegenwärtigen Kunstformen: »Auch unsere Zeit ist, gleich anderen Zeiten, von einer geheimen Dynamik ergriffen, die zunächst die bildenden Künste verwandelte, von ihnen ausstrahlte und die Gegenstände des täglichen Gebrauchs formend veränderte.«[19]

Formfindung und Formsprache der 50er Jahre gehen auf die großen Innovationen der modernen Kunst zurück. Deren Väter, sämtlich noch Männer des ausgehenden 19. Jahrhunderts, hatten das formale Vokabular geschaffen, mit dem sich ihre geistige Konzeption der neuen Zeit, des neuen Jahrhunderts, darstellen ließ. Die 50er Jahre, retrospektiv auf die Moderne schauend, entliehen sich, was sie an ästhetischen Vorlagen brauchten, um dem eigenen Lebensgefühl, dem historischen Augenblick, dem Zeitgeschmack Ausdruck und Erscheinung zu geben. Hinzu kam, nach langer diktatorischer Reglementierung und Krieg, bei Entwerfern, Kunsthandwerkern, Architekten ein unerträglich gewordener Hunger nach Modernität. Beinahe wurde sie mit Intelligenz gleichgesetzt und verband sich in jedem Fall problemlos mit der optimistischen Attitüde des Wiederaufbaus.

Dabei störte nicht, daß viele der künstlerischen Vorlagen Jahrzehnte zurücklagen. Sie waren – in Deutschland durch die Nazis, in anderen Staaten durch Traditionen oder Kriegsnot – kaum jemals zu breiter Anwendung und Wirkung gelangt.

Doch sind die Formen der 50er Jahre, obwohl in ihrem Ursprung zweifellos kunstgeschichtlicher Natur und aus dem ästhetischen Fundus der Moderne stammend, dennoch kein einfacher Eklektizismus. Eher wurde der formale Fundus als eine Art ästhetisches Alphabet zur Formung einer eigenen und zeitgemäßen Sprache benutzt. Bezeichnend dafür ist, daß es im Prinzip nur bestimmte Formphänomene von wiederum ganz bestimmten Künstlern waren, die in den 50er Jahren als relevant wieder aufgegriffen wurden.

52 u. 53 *Die Formensprache der 50er Jahre wurzelte ganz in der europäischen Moderne und ist in ihren Grundzügen bereits in den 40er Jahren deutlich zu erkennen. So enthalten z. B. César Domelas* Reliefbild von 1942 *oder Erberto Carbonis* Dekrationsfigurine von 1941 *substantiell eigentlich schon das ganze populäre Gestaltungsvokabular des 50er-Jahre-Geschmacks*

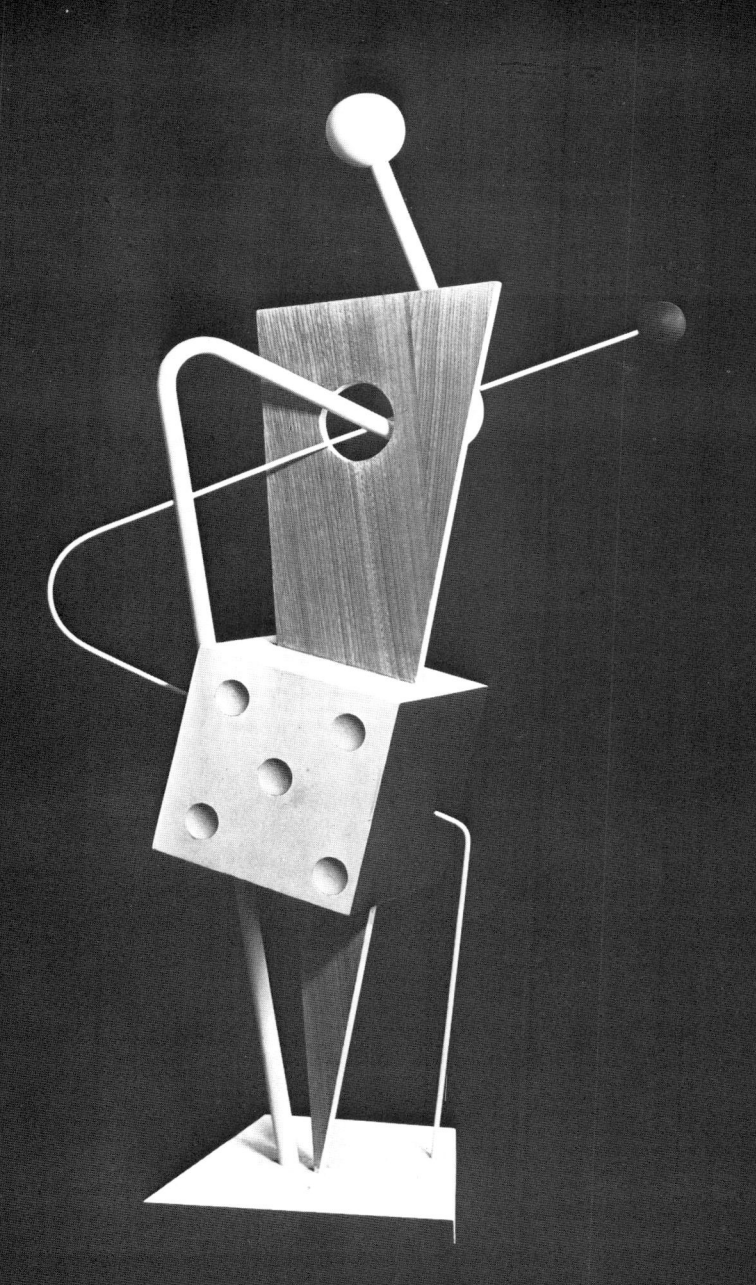

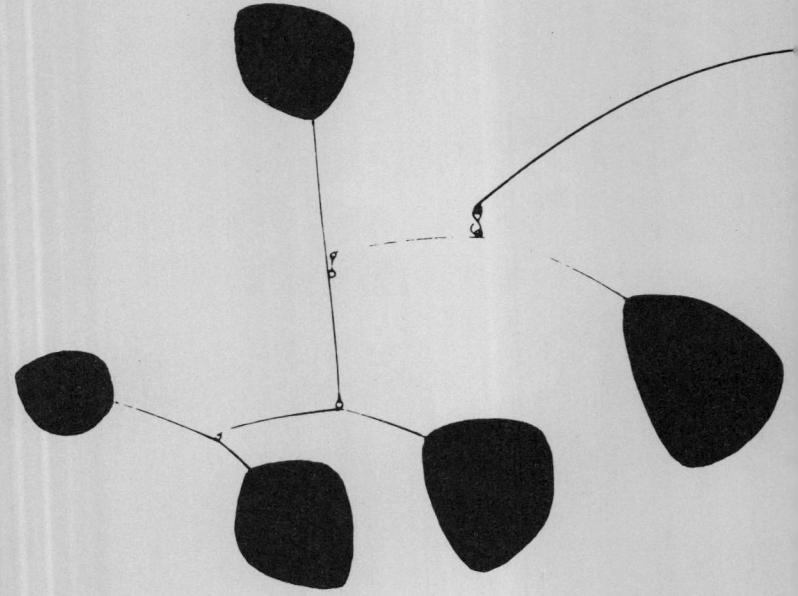

So kehrten vor allem Jean Arps fließende Rundungen wieder, seine abstrakt-organische Plastizität. Alexander Calders *Constructions animées et sonores*, bekannt unter dem 1931 von Marcel Duchamp geprägten Begriff »Mobiles«, verbanden sich mit ihren schwebend-balancierenden farbigen Metallscheiben hervorragend mit den Vorstellungen der Nachkriegszeit, für die Leichtigkeit und Bewegung zentrale Themen waren. Henry Moore, dem englischen Bildhauer, ist vermutlich die Anregung zur kunstgewerblichen »Madonna mit Loch« und zu mancher asymmetrischbauchigen Blumenvase zu danken; sein breit ausgearbeitetes plastisches Thema – das vor ihm auch schon Archipenko, Brancusi oder Picasso behandelt hatten – war die aktive Einbeziehung des echten Hohlraumes in die Plastik, deren populärster Vertreter Moore in den 50er Jahren war (Abb. 69). Auch Erfindungen Joan Mirós finden wir wieder; besonders seine leuchtenden Farbformen und kräftigen schwarzen Pinselzeichnungen mit dem dicken Punkt am Ende, die wohl zu recht als Vorlage für den »Cocktailkirschen-Stil« zu sehen sind, der in den 50er Jahren die Spitzen von Stangen und Gittern mit farbig lackierten Kugeln akzentuierte (Abb. 71 u. 106). Auch die kinetischen Konstruktionen Naum Gabos sind wiederzuerkennen; um 1920 hatten sie die massive Skulptur zugunsten raumdurchdringender Verspannungen aus Plexiglas und Nylonfäden aufzulösen versucht. Ihre Kurvaturen gehören nicht weniger zum Vokabular des »Neuen Stils« als die ab 1923 entstandenen, »Projections dans l'espace« genannten, spiralenhaft gebogenen Raumkörper seines Bruders Antoine Pevsner. Und es ist gewiß kein Zufall, wenn sie 1958 im Mittelpunkt des französischen Pavillons auf der Venedig-Biennale standen. Auf bestechende Weise sind auch die neoplastischen Material-Reliefs des in Paris lebenden Holländers César Domela mit dem Formempfinden der 50er Jahre kongruent, so kongruent, daß ihre kompositorische Dynamik und unorthodoxe Materialkombination – Glas, Rochenhaut, Metall, Kunststoff usw. – beim Publikum gelegentlich zur Verwechslung von Kunst und Dekoration im Zeitgeschmack führten (Abb. 52). Ebenso schien die Kunst des Schweizers Max Bill diese Front oft zu wechseln, weil sie beständig zwischen Malerei/Plastik und Design/Architektur schwankte. In diesem Sinne ist seine auf dem *Möbius'schen Band* beruhende »Unendliche Schleife« typischer Ausdruck einer Zeit, zu deren Lieblingsthemen Raumdurchdringung, Bewegung und Linienfluß gehörten. Dementsprechend hieß es über eine in den 50er Jahren entstandene Drahtskulptur des Berliner Bildhauers Hans Uhlmann: »Ein einziges Abstoßen vom Fußpunkt nach oben hin, drei kühne Schwünge und das Absinken in retardierendem Abschwung nach unten hin, bis der schöne Schwung in sich selbst erstirbt. Das ist wie Schwung

97

und Sprung eines schwerelosen Tänzers: reine lineare Choreographie in den Raum hinein (Abb. 8, 16).«[20] Last but – weiß Gott – not least noch der Name Picasso. Aus seinem Werk vor 1950 ließe sich vermutlich der gesamte Formenkanon des Jahrzehnts destillieren. Kein anderer Künstler der klassischen Moderne wurde so sehr zum Inbegriff ästhetischer Innovation wie er, der einem ganzen Gattungsbegriff seinen Namen lieh: »Picasso-Stil« (Abb. 70).

zeitgenössische Karikatur

Das Bild als Schlachtfeld

Dieselbe Venedig-Biennale von 1958, auf der Frankreich Pevsner herausstellte, rückte auch die Werke Wassily Kandinskys aus der Epoche des *Blauen Reiter* ins Zentrum. Sie erklärte ihn zum »Erzvater« einer künstlerischen Bewegung, die um diese Zeit schon drohte, akademisch zu werden. New Yorks Kunstkritiker hatten sie »Abstract Expressionism« und »Action Painting«, ihre Pariser Kollegen »Tachismus«, »Art brut« oder »Informel« genannt: Eine vehement abstrakte, geometriefeindliche Malerei existentiellen Charakters. Es war die erste und vielleicht letzte international vergleichbare Stilrichtung nach dem zweiten Weltkrieg; ein Krieg, der das Leben aller, nicht nur an den Fronten, tiefgreifender bedroht oder verändert hatte, als jeder Krieg zuvor. Im kontinentalen wie im amerikanischen, selbst asiatischen Bewußtsein waren Spuren zurückgeblieben, die auch der Kunst keine Kontinuität, kein

---

54 *Der Maler Jackson Pollock bei der Arbeit an einem »Dripping«, einem Tropfbild.* ▶
Scherzhaft »Jack the Dripper« genannt, verkörpert er die intensivste Phase der Aktionsmalerei und den Beginn der künstlerischen amerikanischen Unabhängigkeit von Europa. Das Foto schoß Rudolph Burckhardt 1950

55 u. 56 *Hans Hartungs* Komposition *von 1955, ein Beispiel für Europas spontan-vehemente Malweise um diese Zeit, spricht eine ähnliche Formensprache wie Willem Heesens Kristallvase aus demselben Jahr*

Wiederaufnehmen ihrer Vorkriegsprobleme – die vorwiegend rationalistisch geprägte Bildform der geometrischen Abstraktion – erlaubten. Das gewissermaßen Apollinische der »Konkreten Kunst« war auf dem Hintergrund von Auschwitz, Stalingrad und Hiroshima nicht mehr denkbar, und so wurde aus der klassischen Distanz zwischen Staffelei und Maler jenes »Aktionsfeld in dem der Künstler agierte«, jener vehement expressionistische Raum, in dem das alte surrealistische Ziel der Freisetzung des Unbewußten auf völlig unerwartete Weise neu verwirklicht wurde. In Malakten, die mehr einer tranceähnlichen, rituellen Choreographie als gestalterischer Entscheidung ähnelten, gelangten Künstler zu Improvisationen, bei denen nicht die Bildordnung, sondern die seelische Situation während des Malprozesses selbst das Thema wurde.

»Der abstrakte Expressionismus sucht die heroische Selbstbehauptung in der Neubewertung des individuellen schöpferischen Aktes und zeigt eine deutliche Verwandtschaft mit der Philosophie des Existentialismus.«[21]

1947 hatte die Bewegung in den USA eingesetzt, für die Jackson Pollocks in rabiatem Schwung betropfte Leinwände zum Synonym wurden. Über Pollock, bald ironisch »Jack the Dripper« genannt, sagt der Katalog des New Yorker Museum of Modern Art 1956/57: »Mit beispielloser Gewaltsamkeit machte er aus seiner Kunst eine

100

Art Abbruchunternehmen. Sein erstes ausgestelltes Werk sah wie ein Schlachtfeld nach schwerem Gefecht aus, auf dem die Leichen Picassos, der Surrealisten, Mirós, Kandinskys und Trümmer indianischer Kunst herumlagen (Abb. 54).«[22] Und neben Pollock stand die ganze Phalanx amerikanischer Maler, von Franz Kline, Willem de Kooning, Robert Motherwell bis Mark Tobey. Sie sicherten ihrem Land einen ersten – und zum ersten Mal einen völlig autonomen – Platz in der Kunstgeschichte.

Allzu bereitwillig eingeräumt wurde ihnen dieser Platz nicht. Nur mit geringer Verzögerung meldete die sich um 1950 noch ganz und gar uneinnehmbar wähnende Künstlerbastion Paris mit einer spontanen, »fleckigen« Malerei, die sich »Tachismus«, »Art brut« oder »Informel« nannte und binnen kurzem zur alles beherrschenden Formel wurde. Maler wie Mathieu (Abb. 57), Bazaine, Hartung (Abb. 55), Manessier, Poliakoff oder Soulages repräsentierten hier bis zum Ende der 50er Jahre jene *Ecole de Paris*, zu der man bisher alles gezählt hatte, was Frankreichs Kunstmetropole seit dem Impressionismus hervorgebracht hatte. Mehr oder weniger wurde nun dieser Ausdruck »Ecole de Paris« zur Bezeichnung für eine Kunst, in der Frankreich sich – bis jetzt zum letzten Male – als eine international dominierende »Grande Nation« westlicher Kultur darstellen sollte.

Natürlich zollten auch die Künstler anderer europäischer Länder der Bewegung Tribut. Es waren – um nur einige Maler zu nennen – in Deutschland Emil Schumacher, Ernst Wilhelm Nay, Karl Otto Götz, Bernhard Schultze; in Italien Piero Dorazio, Emilio Scanavino, Emilio Vedova; in Skandinavien Asger Jorn; Karel Appel in Holland; in Spanien Antonio Saura und der Maler Tàpies. Ihnen folgten mit entsprechender Verspätung, aber nicht weniger Hingabe ungezählte andere »moderne« Maler, und ihr Einfluß reichte bis in die fernste Provinz. Dort gilt er, schal geworden, weitgehend noch heute als quasi zeitlos empfundene »moderne Kunst«.

Parallel zum schöpferischen Kern gab es, wie immer, auch weniger radikale Kunstauffassungen. Meist handelte es sich dabei um eher modernistische Varianten dekorativ aufgefaßter Muster der Vorkriegszeit. Unermüdlich wurden die expressionistischen Formeln des *Blauen Reiter* und der *Brücke* zitiert. Dazu kam eine beachtliche Menge Sakralkunst kunstgewerblicher Prägung (Abb. 88 u. 89). Ihre Vorlagen-Skala reichte von Käthe Kollwitz und Ernst Barlach bis Georges Rouault und Alfred Manessier. Einem nicht selten hausbackenen Begriff von Werktreue folgend, wurden solche Vorlagen »handwerklich materialgerecht« in Kupfer, Ton, Bast und Bambus »modern gestaltet«.

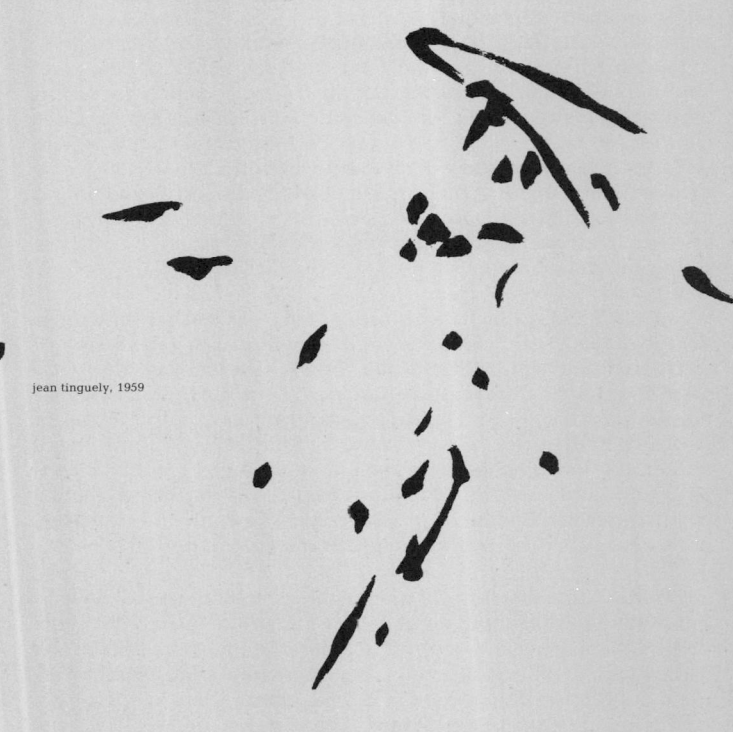

jean tinguely, 1959

57 Georges Mathieu wirft – nach Vollendung eines tachistischen Gemäldes mit ▶
historischem Titel – seine Pinsel in die Rheinfluten bei Kaiserswerth, dem Ort der
Handlung. Während sie ihm auf rotem Samt gereicht werden, hält der noch junge
Charles Wilp die Szene fotografisch fest

58 »*Sein Strich ist immer derselbe ... Tristesse stabil*« – *Bernard Buffets* Fischverkäuferin von 1951

Einen Nerv abseits der eindeutigen Ismen schien um diese Zeit ein junger französischer Maler zu treffen, der in kurzer Zeit in Mode, zu Weltruhm und hohen Preisen kam: Bernard Buffet. Während ringsum der Wohlstand ständig wuchs, wuchs mit ihm die Zahl der Bewunderer für Buffets ausgemergelte Gestalten und todtraurige Interieurs. Auf makaber-manieristische Weise beschworen sie die gerade überstandenen Hunger- und Elendsjahre. »Er stellt auf der Biennale aus, er kauft einen Rolls, ein Schloß ... Sein Strich ist noch immer derselbe. An der Börse der Malerei repräsentiert Bernard Buffet das Petroleum der Sahara. Sein Strich bleibt stabil, das ist es, was die Leute gern haben. Den Kapriolen Picassos kann kein Mensch folgen, hier ist etwas, was bleibt: Tristesse, stabil «[23] (Abb. 58).

Sensibilisierte Zonen
Zeitlich parallel zu *Tachismus*, *Action Painting* und *Informel* begann 1953 in USA Robert Rauschenberg mit den ersten »Combine Paintings«, Jasper Johns mit seinen Flaggen- und Zielscheiben-Bildern. In England beschäftigten sich ab 1954/55 Künstler wie Eduardo Paolozzi und Richard Hamilton – Mitorganisator der Aus-

104

stellung *This is tomorrow* – 1956 in London – mit der Welt der Konsumkultur und legten den kunsthistorischen Grundstein für die spätere *Pop Art*, die Anfang der 60er Jahre von New York aus eine ungeahnte Wiederbelebung der figurativen Malerei bewirken sollte (Abb. 108). Neben der abstrakt-expressiven Malerei der 50er Jahre entwickelte sich aber auch – zeitlich und ästhetisch parallel zur *Neuen Musik* – die kybernetische Kunst: Nicolas Schöffers beweglicher Turm auf der Bau-Ausstellung von Saint-Cloud, François Morellets »aleatorische und systematische Musterungen« und Jean Tinguelys kinetische Reliefs waren ab 1952/53 die ersten Beispiele.

Tinguelys *Méta-Matics*, absurde automatische Malmaschinen, waren nicht zuletzt ein ironischer Kommentar zur gefeierten »spontanen Malerei«. Zusammen mit anderen Künstlern – wie Yves Klein oder Piero Manzoni – wurde er zum Begründer einer Bewegung, die sich leidenschaftlich gegen die »Pinselschwenker« wehrte und als *Nouveau Réalisme* besonders die beginnenden 60er Jahre prägen sollte; ihre Anliegen waren weit gespannt. Sie reichten von kreatürlich-lapidaren Manifestationen bei Manzoni bis zur rituell inszenierten »Entmaterialisierung« von Objekten und »sensibilisierten Zonen« bei Klein. Diese Kunst, auch als *Zero* und *Nul* bezeichnet, war ein ausschließlich europäisches Phänomen. Als geistigen Vater erkannte sie den – älteren – Italiener Lucio Fontana. Sein *Movimento Spaziale* von 1947/48 und vor allem sein in Buenos Aires zuerst veröffentlichtes *Manifesto Blanco* entsprach ihren Empfindungen: Der Raum, der kosmische Raum sollte mit Hilfe moderner Technik gestaltet werden, zu denen die Licht-Ambiente, die Raumbilder nur die visionären Modelle darstellten (Abb. 15).

Otto Piene, zusammen mit Heinz Mack Begründer der deutschen *Zero*-Gruppe, zu der bald auch Günter Uecker stieß, beschrieb seine künstlerische Sehnsucht unter dem Titel *Wege zum Paradies* so: »Ich träume von einer besseren Welt. Sollte ich von einer schlechteren träumen? ... Wir haben es bisher dem Krieg überlassen, ein naives Lichtballett für den Nachthimmel zu ersinnen... Wann ist unsere Freiheit so stark, daß wir den Himmel zwecklos erobern, durch das All gleiten, das große Spiel in Licht und Raum leben, ohne getrieben zu sein von Furcht und Mißtrauen? Warum schicken wir nicht unter Einsatz aller menschlichen Klugheit... alle Atombomben der Welt zum Vergnügen in die Luft, ein grandioses Schauspiel der menschlichen Erfindungsgabe zum Lobe der menschlichen Freiheit?«[24]

Zu sehen waren die Produkte solcher künstlerischen Überzeugungen vor allem auf der *Documenta* in Kassel. Unter dem Motto »Über alle Grenzen hinaus Klärung für die Gegenwart und Hoff-

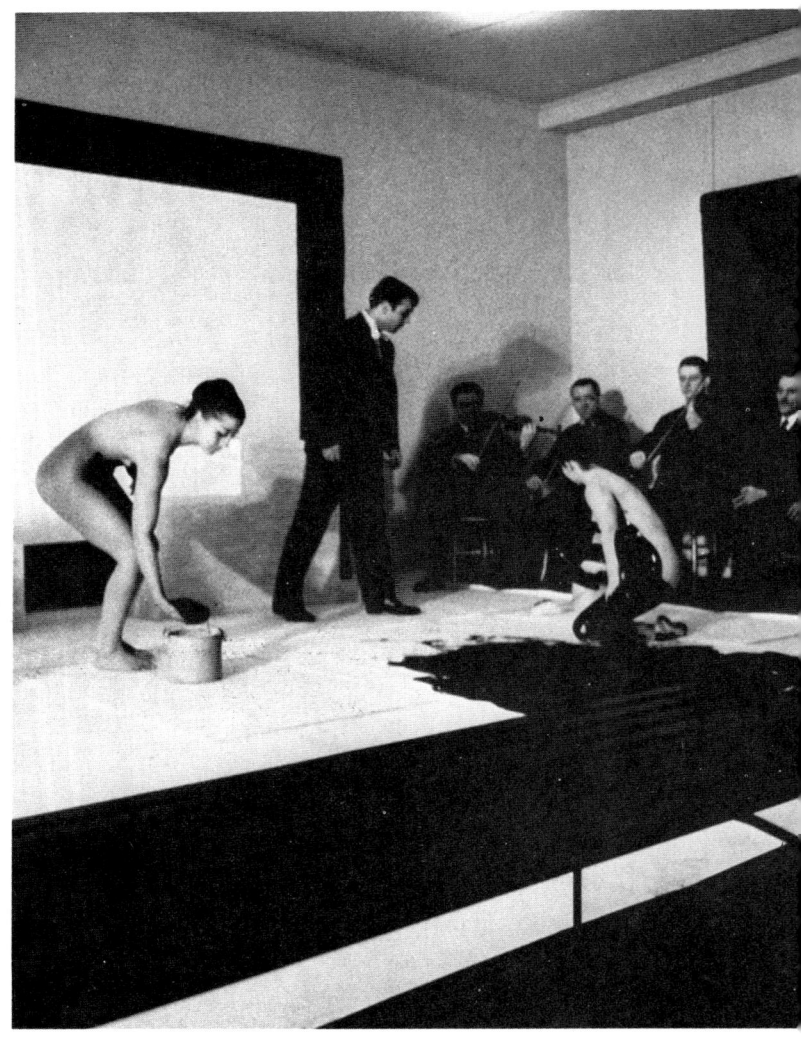

59 Zu monotoner Streichermusik dirigiert Yves Klein – »Yves le monochrome« – seine menschlichen Pinsel: Blau eingefärbte Mädchenkörper hinterlassen ihre Farbspuren auf Leinwand und Papier

piero manzoni, 1959

nung für die Zukunft« zuerst 1955, dann in der Regel alle vier Jahre veranstaltet, befriedigten die umfangreichen *Documenta*-Ausstellungen einen ungeheuren Nachholbedarf an Anschauung und Information; allzu vieles war seit 1933 nicht mehr in Deutschland zu sehen gewesen. Wie und was in Kassels Museum Fridericianum, in der Ruine der Orangerie und im Bellevue-Schloß – vor allem durch den Initiator Arnold Bode – demonstriert wurde, gewann einen nicht abschätzbaren Einfluß auf die Situation der zeitgenössischen Kunst in der Bundesrepublik, aber auch in anderen westlichen Ländern nach dem zweiten Weltkrieg.

107

Dynamischer Beton

Architekturprofessor Frei Otto auf dem 122. Schinkelfest 1977: »Man muß recht bald den Sündenberg erneuern oder abreißen, mit dem meine Generation in den letzten 30 Jahren die Erdoberfläche unkritisch verkrustete. Sie streckte Millionen Gebäude in den Himmel und tief in die Erde. Die meisten davon werden untragbar...«[25]

Nicht nur Fachleuten erscheint die Gebrauchsarchitektur der Nachkriegszeit heute wenig attraktiv. Der Bau-Boom fraß sich unersättlich vor, wo immer die Kriegstrümmer beiseite geräumt waren. Der – in dieser massiven Form besonders das zerbombte Deutschland ungeduldig überwuchernde – Einheitsstil von Rasterbauten auf Stelzen, mit verkachelten Fassaden unter auskragenden Tellerdächern, verriet tiefe ästhetische und soziologische Unsicherheit. Ohne stilistische und gesellschaftliche Vereinbarungen, ohne moralische Kontinuität, höchstens mit einer vagen Berufung auf dreißig Jahre zurückliegende Bauhaus-Ideen zementierte die Alltagsarchitektur sprichwörtlich den Teil der wirtschaftlichen Regeneration, die uns seither vor Augen steht – gleichgültig, ob in Mailand oder Gelsenkirchen.

◀ 60 u. 61 *Frank Lloyd Wrights Guggenheim-Museum in New York suggeriert als Raumspirale an jedem Punkt Plastizität und Dynamik, geordnet um eine vertikale Mitte*

Trotzdem läßt sich von einer schöpferischen, visionären und großen Architektur der 50er Jahre sprechen. Die Beispiele sind geläu-
fig: Die Kirche *Notre-Dame-du-Haut* in Ronchamp – 1950-55 –, das
Guggenheim-Museum – 1956-59 – und das *TWA Air Terminal* –
1956-62 – in New York, das Pariser *UNESCO-Gebäude* – 1958 ein-
geweiht – und so weiter… Daneben die vielen, trotz ihrer geplan-
ten Kurzlebigkeit signifikanten Architektur-Kürzel internationaler Messe- und Weltausstellungs-Pavillons (Abb. 32, 75, 76).

In diesen Bauten – bezeichnenderweise kaum Wohnbauten – erscheint das zeitspezifische Raum- und Formempfinden der 50er
Jahre auf dramatische Weise. Auch hier die überall spürbare Sehnsucht, mit raumgreifenden Gesten und neuen Materialien Schwer-
kraft zu überwinden. Das ist nicht mehr die rechtwinklig-präzise
Sprache der konstruktivistisch geprägten Bauhaus-Architektur.
Ebensowenig ist es die neoklassizistische Symmetrie der reaktio-
nären 30er Jahre. Wohl hatte die neue Architektur ästhetisch eine
historische Basis – zum Beispiel in den Zeit und Raum dynamisie-
renden Entwürfen des Futurismus – aber sie war in ihrer Erscheinung sehr wohl neu, radikal und visionär.

Das Leichtere, Durchsichtigere folgte dem Schweren, Lasten-
den. Die eleganten Gewölbesegel aus Stahlbeton und hängende
Wände statt tragender Mauern versprachen eine veränderte architektonische Zukunft.

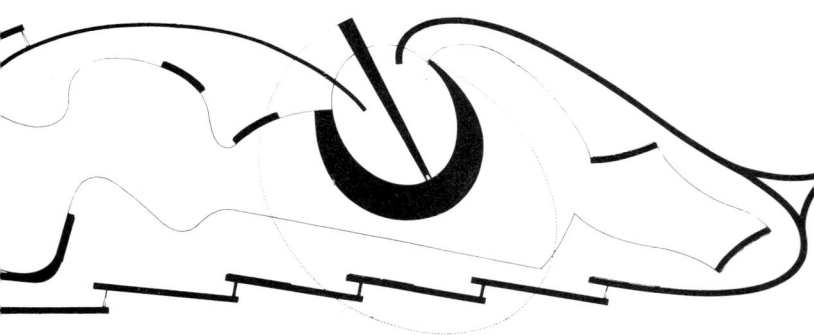

luciano baldessari, 1952

2 *Eero Saarinen schwebte bei seinem New Yorker* TWA *Air Terminal vor, daß »die Architektur selbst das Dramatische und Besondere des Reisens ausdrückt«*

63 u. 64 *Modell für ein Wohnhaus in San Remo; Architekt Mario Federico Roggero,*
1953

Frank Lloyd Wrights letztes Lebensjahr fiel zusammen mit der Fertigstellung eines Baus, der zu den Wahrzeichen moderner Architektur zählt. Sein *Guggenheim-Museum*, an New Yorks Fifth Avenue gelegen, basiert zwar auf Plänen von 1943/46, demonstriert jedoch auf faszinierende Weise die Raumvorstellungen der 50er Jahre (Abb. 60 u. 61). Die gigantische, an eine Parkhaus-Rampe erinnernde Raumspirale suggeriert an jedem Punkt Plastizität und Dynamik, geordnet um eine vertikale Mitte. Sie ist das faszinierende Beispiel eines extrem »dialektischen« Raumempfindens von zugleich senkrechter und waagrechter architektonischer Bewegung, obwohl sich über die Funktionalität des Museumsbaus streiten läßt.

Bei der ca. 20 x 100 Meter umfassenden Betonschale des New Yorker *TWA Air Terminals* stand ihrem Schöpfer, Eero Saarinen, die Idee vor Augen, »ein Gebäude zu entwerfen, bei dem die Architektur selbst das Dramatische und Besondere und Aufregende des Reisens ausdrückt. Deshalb sollte die Architektur das Flughafengebäude nicht als statischen, geschlossenen Platz darstellen, sondern als Platz der Bewegung und Veränderung... Wir wollten, daß der Passagier, wenn er durch die verschiedenen Bereiche des Gebäudes geht, sich in einem totalen Environment befindet, wo

112

65 *Die Berliner Kongreßhalle, 1958*

jeder Teil nur der Abschnitt und die Konsequenz eines anderen ist und wo alles zur selben Formenwelt gehört.«[26] (Abb. 62, 118).

Ein Versuch, zu einer exemplarischen Konzeption im Bereich der Gebrauchsarchitektur zu gelangen, war das Berliner *Interbau*-Projekt von 1957. Was uns heute als höchstens humane, aber gewiß nicht visionär-kühne Lösung erscheint, beanspruchte damals internationale Aufmerksamkeit – nicht zuletzt wegen des ungewöhnlichen Aufgebots berühmter Architekten: Alvar Aalto, Walter Gropius, Luciano Baldessari, Oscar Niemeyer, Le Corbusier und andere...

> ich hab' noch einen koffer in berlin,
> deswegen muß ich nächstens wieder hin!
> die seligkeiten vergang'ner zeiten
> sind alle noch in meinem kleinen koffer drin!
> ich hab' noch einen koffer in berlin,
> der bleibt auch dort, und das hat seinen sinn:
> auf diese weise lohnt sich die reise,
> denn wenn ich sehnsucht hab,
> dann fahr ich wieder hin.
> – aldo von pinelli, 1951

113

66 Das Pirelli-Hochhaus in Mailand von Gio Ponti, Mitarbeit Pier Luigi Nervi; 1956–60

7 *Italienische Ratio, Eleganz und Modernität verbanden sich 1955 im Mailänder Olivetti-Haus.
Architekten: Bernasconi, Fiocchi und Nizzoli*

68 *Mit der Wallfahrtskirche von Ronchamp gewann Le Corbusiers später skulpturaler Baustil überzeugend Gestalt*

Le Corbusier, neben Gropius und Wright wohl der revolutionär-ste Erneuerer der Architektur des 20. Jahrhunderts, schuf 1952–55 die schon genannte Wallfahrtskirche von Ronchamp. In ihr ge-winnt Le Corbusiers antirationaler, von massigen skulpturalen Formen durchsetzter Baustil der späten Jahre endgültig Gestalt. Das pilzhutartige Dach wirkt wie eine gewaltige Freiplastik und überdeckt einen bewegt geformten Innenraum mit kunstvoll ein-fließendem Licht. Die Kirche *Notre-Dame-du-Haut* in Ronchamp wurde zum großen Vorbild moderner Sakralarchitektur. (Abb. 32, 68)

1958 wurde in Paris das Y-förmige *UNESCO*-Gebäude einge-
weiht (Abb. 69–71). In ihm manifestierte sich die Vision einer
durch Wissen und Bildung, Kunst und Kultur humanisierten Welt.
Die Namen der an diesem multinational konzipierten und reali-
sierten Bauwerk beteiligten Architekten lesen sich wie ein glanz-
volles Verzeichnis zeitgenössischer Architekten-Prominenz: Pier
Luigi Nervi (Italien), Marcel Breuer (USA), Lucio Costa (Brasilien),
Walter Gropius (USA), Le Corbusier (Frankreich), Ernesto Rogers
(Italien), Eero Saarinen (USA)... Auch die Namen der mit der Aus-

69–71 *Künstler und Architekten trafen 1958 beim Bau der Pariser UNESCO-Zentrale
zusammen. Hier Henry Moores Steinplastik vor der Fassade des Verwaltungsgebäu-
des, Pablo Picassos Fresko im Konferenztrakt und Joan Mirós Wand des Mondes im
Hof der Y-förmigen Anlage*

gestaltung des Baus beauftragten Künstler bilden eine eindrucks-
volle Sammlung: Karel Appel (Niederlande), Roberto Matta (Chi-
le), Pablo Picasso (hier als Spanier), Henry Moore (Großbritanni-
en), Alexander Calder (USA), Joan Miró (Frankreich), Isamu Noguchi (Japan)...

Zum Ende des Jahrzehnts realisierte sich schließlich die Reiß-
brett-Konzeption einer ganzen Stadt, als *Brasilia* dazu bestimmt,
das neue Zentrum Brasiliens zu werden. Mitten im Urwald, auf
dem Zentralplateau von Goiás, entstand im Auftrag des Staatsprä-
sidenten Juscelio Kubitschek nach den Plänen von Lucio Costa die
erste Großstadt der Welt, die durchgehend den Prinzipien zeitgenössischer Architektur folgte. (Die Verpflanzung des früheren Re-
gierungssitzes Rio de Janeiro ins Landesinnere ging auf einen bereits 1891 festgelegten Verfassungsartikel zurück.) Form und Dimension dieser Metropole muten noch heute wie eine konkret ge-
wordene utopische Filmszenerie an. Oscar Niemeyers Parlaments-
und Justizgebäude und der Gouverneurspalast an der fünf Kilome-
ter langen Monumentalachse verstärken diesen Eindruck. Sein
dreieckig angelegter *Platz der drei Gewalten* trägt an der Spitze
auf erhöhter Plattform die Betonschale des Abgeordnetenhauses
und den Kuppelbau des Kongreßgebäudes vor den parallelen
Scheibenhochhäusern der Exekutive; an der Basis des Dreiecks die
Flachbauten von Gericht und Regierung, die auf Stützen ruhen und
mit sphärischen Dreiecksformen gegen die Sonne verblendet sind.
Ebenfalls von Niemeyer entworfen wurden Brasilias runde, aus 21
parabelförmigen Betonscheiben gebildete Kathedrale und das
monolithisch wirkende Theater (Abb. 72 u. 73).

72 u. 73 *Die Metropole vom Reißbrett: Brasilia, als neues Zentrum Brasiliens mitten im Urwald errichtet, wirkt noch heute wie eine utopische Filmszenerie*

74 *1953:* Petropolis – *Blick auf ein Wohnhausprojekt von Oscar Niemeyer, das an die Reliefplastiken Jean Arps erinnert*

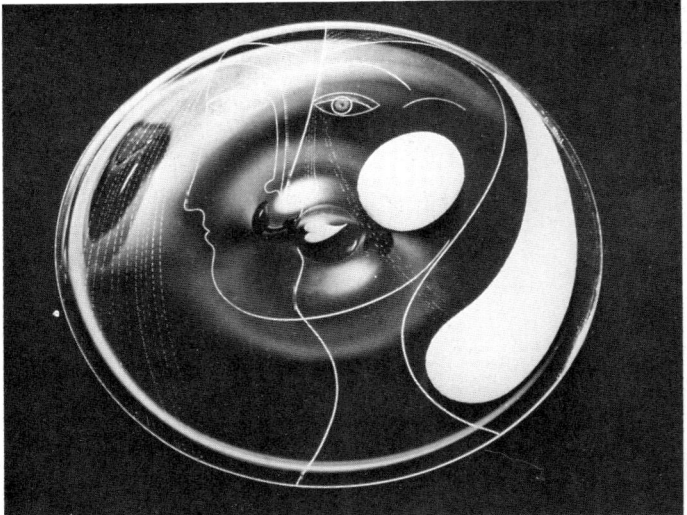

77 u. 78 *Willem Heesen· Gravierte Kristallschalen, 1951, und Scheibe, 1952*

79 *Aus der Glassammlung des Londoner Victoria and Albert Museum:* Lancets, *1953* ▶
von Timo Sarpaneva für die skandinavische Italia-Glasmanufaktur entworfen

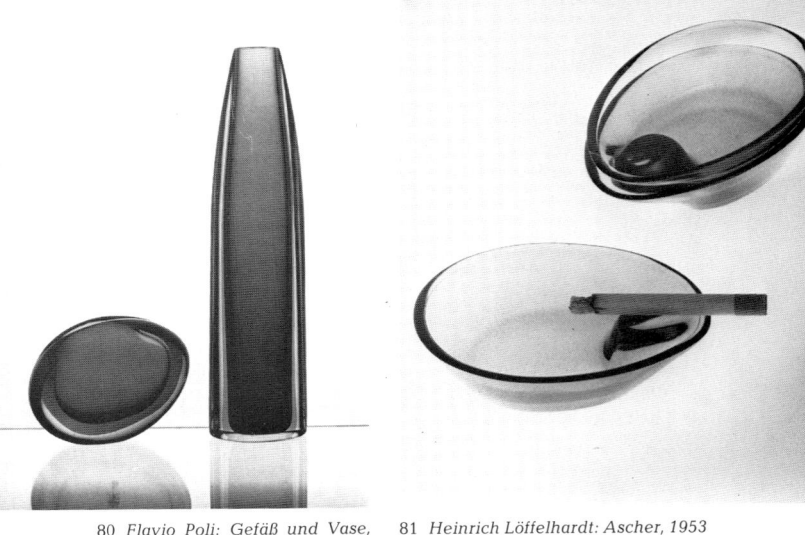

80 *Flavio Poli: Gefäß und Vase,* 81 *Heinrich Löffelhardt: Ascher, 1953*
1957

Eine kultivierte Umgebung

1955: 60 Prozent sind mit der gängigen Möbelkonfektion »in Hochglanzpolitur« zufrieden; 30 Prozent bevorzugen einen »einfachen Werkstätten-Stil«, also solid-schlichte Alltagsmöbel; und nur knapp zehn von 100 Befragten wollten »wirklich ganz moderne Räume« – das Ergebnis einer demoskopischen Umfrage in Deutschland.

Die »ganz modernen Räume« interessieren uns hier besonders; auf die Spitze getrieben, zeigen sich Zeitgeschmack und Lebensgefühl um so greifbarer:

»Wir wollen den Zustand überwinden, inmitten an Wänden aufgereihter Möbel wie in einer Wagenburg zu hausen. Das moderne Möbel ist ein räumliches Element, das keine vernachlässigte Rückseite kennt. Als Bestandteil des Raumganzen könnte es irgendwo darin schweben. Tatsächlich suchen wir auch das Schwebende, Leichte, Losgelöste.«[27]

Der elegant-kühle, bisweilen mondäne Charakter der besseren 30er-Jahre-Interieurs war nach dem Krieg nicht wiederholbar; genausowenig seine schwerblütige Alternative, die repräsentativ-dumpfe Bürgereinrichtung. Auch nicht die »vernünftige« Ästhetik

126

der *Neuen Sachlichkeit*. Und schon gar nicht der einschüchternde »Reichskanzlei-Stil«, dessen neoklassizistische Attitüde auf Jahrzehnte als »Nazi-Geschmack« ignoriert werden sollte. Jetzt schlug die Stunde ganz anderer, nie dagewesener Vorlieben. Die Attribute »streng«, »kraftvoll«, »klassisch«, »schmucklos« wichen zugunsten von »heiter«, »leicht«, »anmutig«, »gelöst«. Die Prädikate »modern« und »intelligent« fielen in einem Atemzug.

Anfang der 50er Jahre zeigte das New Yorker *Museum of Modern Art* diese neue Tendenz in der Ausstellung *Organic Design*. Sie verdeutlichte, daß die »geometrische Präzision einem neuen weicheren Gefühl gewichen ist, das sich in einer größeren Flüssigkeit des Linienverlaufs und einer Auflockerung der Erscheinung ausspricht«.[28]

Die gestalterischen Impulse kamen vor allem aus Italien, Skandinavien und den USA. Dort war eine gewisse Kontinuität künstlerischer und kunstgewerblicher Entwicklung auch während der 30er und 40er Jahre möglich gewesen. Aber nirgendwo schien man sich ihrer praktisch so vehement anzunehmen wie im Deutschland der Wiederaufbaujahre.

erberto carboni, 1952

82 u. 83 »*Im Banne des Wunders: Der Zauberspiegel unserer Tage wird nun endlich Wirklichkeit*...« *So kündigte sich im Mai 1952 das Fernsehen an. Während das HÖR ZU-Titelbild noch an bekannte Propagandamotive der Kriegszeit erinnert –* »*Der Führer spricht*« *–, zeigt das Werbefoto der Firma Braun von 1956 bereits außer dem Design von Hans Gugelot auch das nüchterne Ambiente der* »*skeptischen Generation*« *um die Mitte der 50er Jahre*

»Die geschickte Einrichtung macht alles möglich, und Du glaubst nicht, wieviel Platz man findet, wenn man wenig Raum braucht.« Worauf dieses Zitat aus Goethes *Wilhelm Meister* als Motto einer Veröffentlichung über Wohnfragen zielte, ist offensichtlich: In einer Zeit der »Zuzugsgenehmigungen«, der »Wohnraumbewirtschaftung«, der »sozialen Wohnungsbauprogramme« waren die wenigen verfügbaren Räume meist auch noch kleine Räume. In *Die Wohnung für mich*[29] berichtet Alexander Koch von

einer »Wohnung für DM 1000«. Und wenn die hier wiedergegebene Geschichte eines »nach Braunschweig verschlagenen Flüchtlings« heute komisch klingt, so zeigt das nur, wie fern uns solche Probleme inzwischen sind.

Die Geschichte selbst ist umso aufschlußreicher: Der Flüchtling wandte sich an den Fachklassen-Leiter der *Meisterschule Braunschweig:* »Wie läßt sich mit knapp bemessenen Mitteln in einer Dreizimmerwohnung mit schrägen Wänden eine Möglichkeit für vier Personen schaffen, die schlicht und zweckmäßig ist und dennoch jenes Glücksgefühl gibt, das eine kultivierte Umgebung auslöst?« Zusammen mit seinen Schülern beseitigte Fachklassen-Leiter Biber dieses » aus der Not des Lebens erwachsene Problem«:

»Der Wunsch nach einem stillen Arbeitsplatz wurde dem Haus-
herrn im Schlafraum erfüllt. Neben der Bettcouch steht der Arbeits-
tisch. An der Wand, durch einen Vorhang abgeschlossen, das Ak-
tenbord. Die Hausfrau schläft in einem Wandklappbett, über dem
ein Bord die Aufbewahrung der Toilettenartikel gestattet. Durch
einen Vorhang ist dieses Klappbett von dem übrigen Raum abzu-
trennen, so daß der Hausherr hier auch seine Geschäftsfreunde
empfangen kann.«

Zwar stellen wir uns bei dieser Beschreibung heute eher einen
Zirkuswagen vor als eine Wohnung, aber der Dank des Auftragge-
bers an die Meisterschule war überzeugend: »Sie haben die Voraussetzungen klar erkannt und alle Probleme vorbildlich gelöst.
Jeder hat seine ruhige Ecke, wir fühlen uns nicht beengt.« Und
wieder einmal behielt Goethe Recht − siehe obiges Zitat.

zeitgenössische karikatur

„Schließlich will man ja ein bißchen
modern wohnen!"

Aus solchen Notwendigkeiten geborene Möbel führten zu einer
»neuen Mobilität« im ganzen Wohnbereich: wegklappbare Tisch-
platten, Schranktüren, ausziehbare Betten, die berühmte »Schlaf-
couch« − ein ganzes Arsenal innenarchitektonischer Zaubertricks.
Manche Notlösung überlebte als praktische Idee ihre Zeit bis heute.

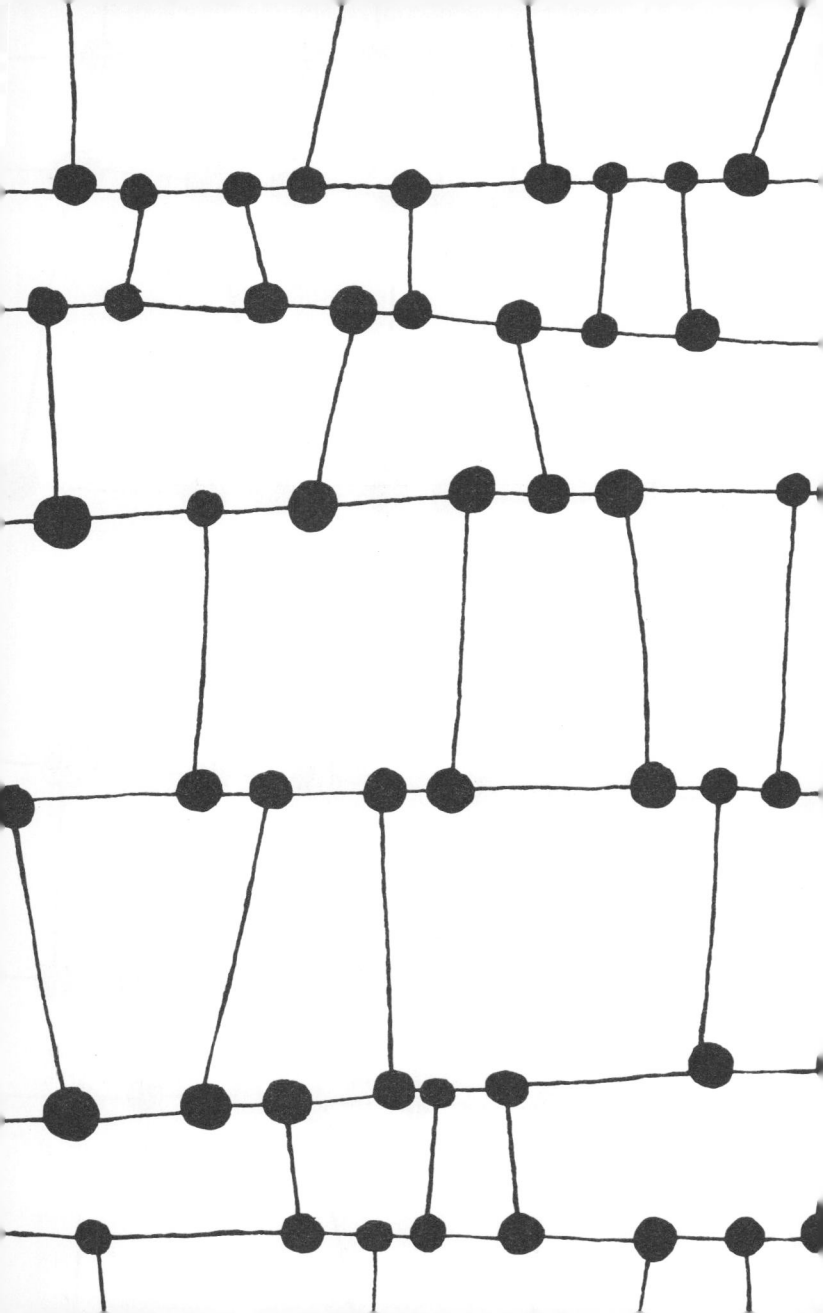

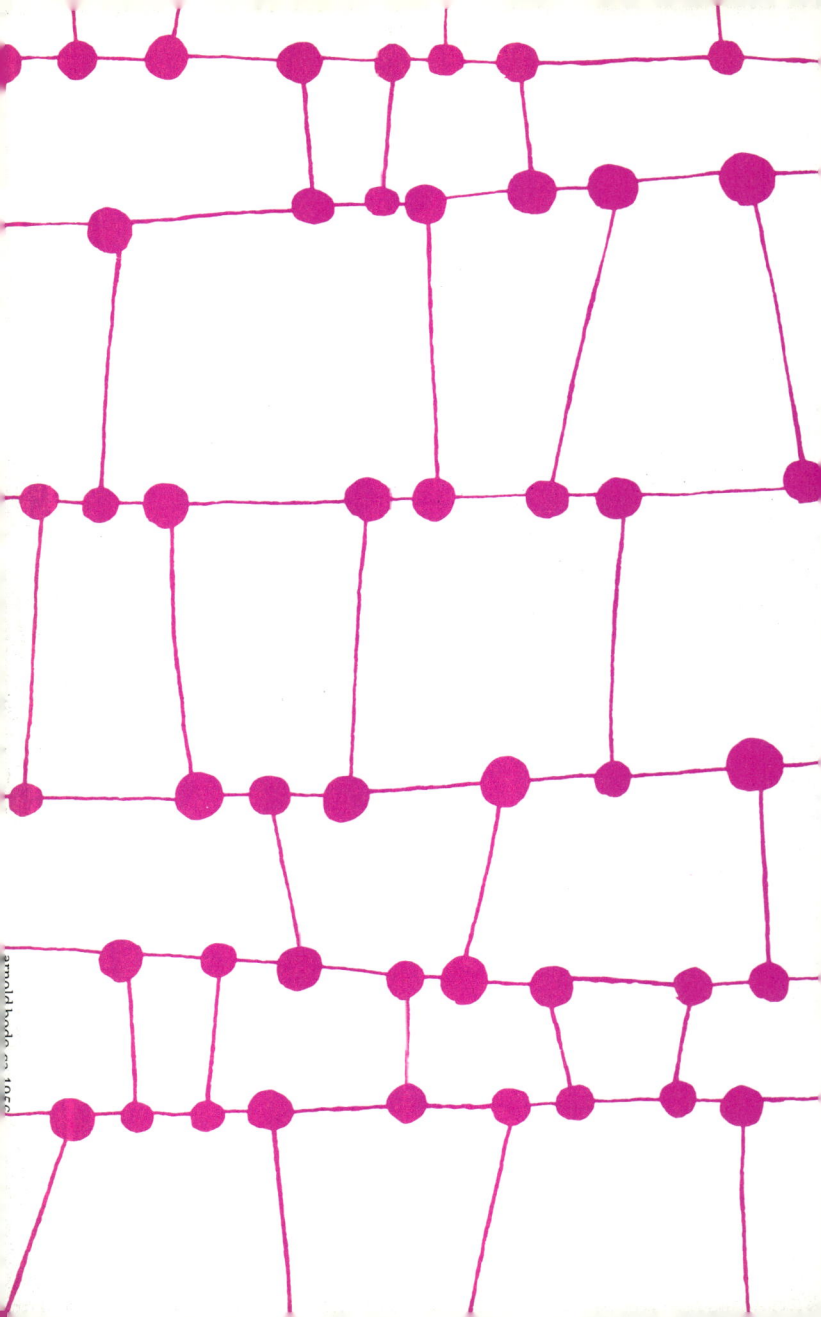

Wie sahen die so gepriesenen »notwendigen Trabanten der Wohnlichkeit«, in denen sich »Sachlichkeitssinn mit Gefühlswerten paarte«, nun aus? Da war zuerst einmal neues Material in jeder Kombination: War es konventionell, wurde es wenigstens unkonventionell verarbeitet. Jede Form von Holz, gebogen, verleimt und gepreßt und viel rundpoliertes Teakholz; Glas war oft opakschwarz, gern mit »rasantem Schliff«, aber auch robustes Drahtglas als »betont progressive Variante«; Metall in jeder Profilform und Lackierung, gestanzt, gelocht, gebogen und goldfarben eloxiert; die Möbelstoffe hatten »konkave Noppen«, »plastische Wollrip-

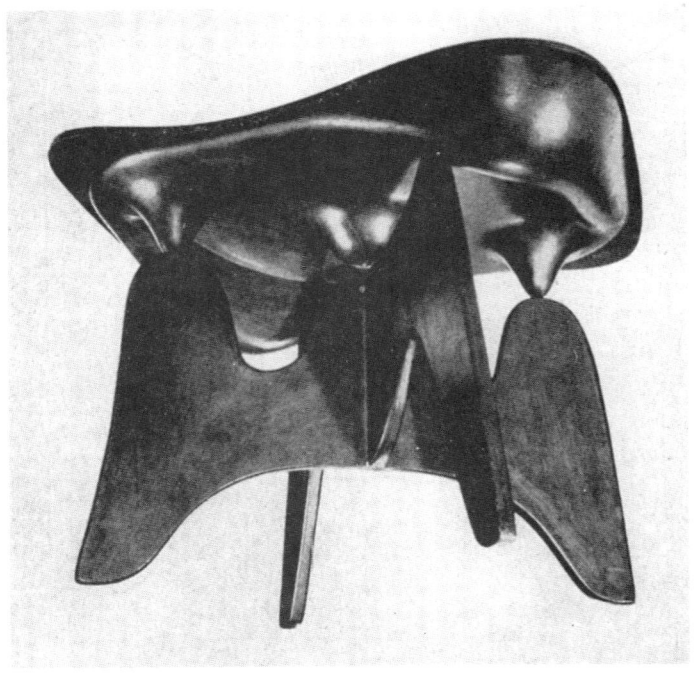

85 *Schachtisch des Bildhauers Isamu Noguchi, Anfang der 50er Jahre bei Herman Miller produziert*

◀ 84 *Schweizer Vorhangstoff »nature abstrait« von A. Morf, 1953*

86 *Brosche und Ohrringe von Hilda Kraus, ca. 1953* ▶

134

pen« und »Reliefs aus Reinwollzwirn« – wenn sie nicht farbig bedruckt waren, wo die Freiheit ohnehin grenzenlos war; die mechanischen Teppiche aus Velours oder Bouclé – »Orion« oder »Dessin Centra« tituliert – lösten mit ihrer »großzügigen Linienführung in Schiefergrau und Gelb« allmählich die bisherigen Orient-Imitationen ab; Kunststoff als farbig bedruckte Plastikfolie – *Acella-quick* – spannte sich über Möbelflächen und teilte mit ihrem standhaften und unvergeßlichen synthetischen Duft als Vorhänge die »Mehrzweckzimmer«; Fliesen und Mosaiken zierten Treppenhäuser und Schalterhallen, »Milchtrinkstuben« und Hausfassaden

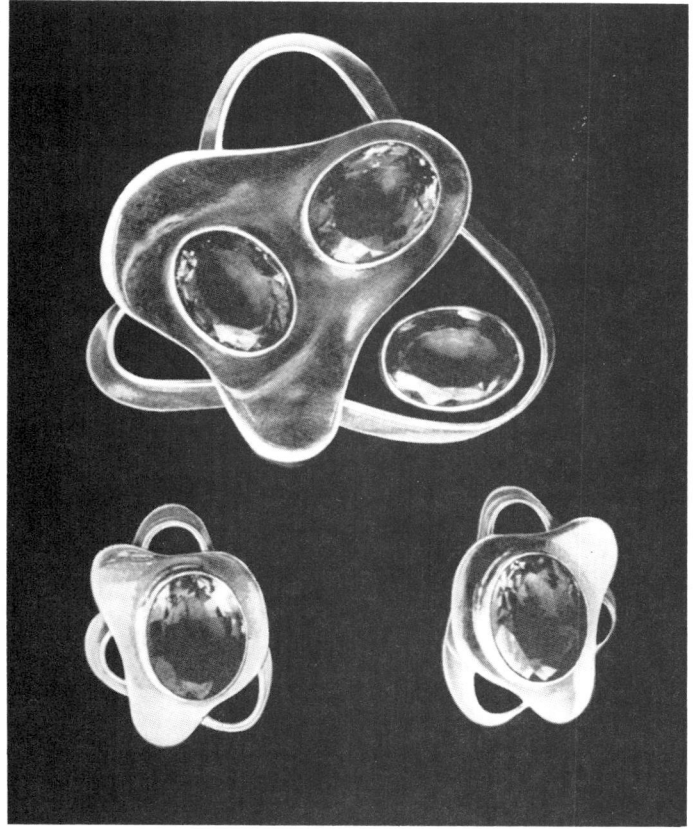

– »ornamental, figürlich oder in großzügigen asymmetrischen Flächen gefügt«; moderne Tapeten – die allgegenwärtige »Rauhfaser« wurde erst allmählich populär – hatten die undankbare Aufgabe, den »ungünstigen Raumproportionen optisch entgegenzuwirken« und warfen gar die Frage auf: »Ist die Betonung des spielerischen geometrischen Liniengefüges, die reine Abstraktion, die Zerlegung in kubische, kristallinische Formen, die Hinneigung zu irrationalen Gestaltswelten oder Urformen, zu anorganischen Gebilden ein Zeichen unserer Zeit?«[30]

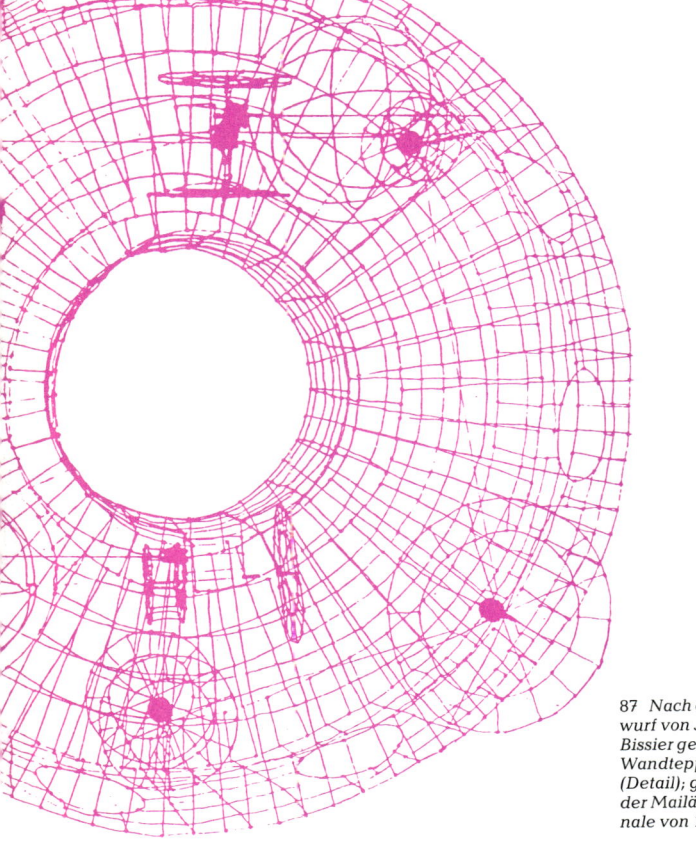

harry kramer, ca. 1958

87 *Nach einem Entwurf von Julius Bissier geknüpfter Wandteppich (Detail); gezeigt auf der Mailänder Triennale von 1957*

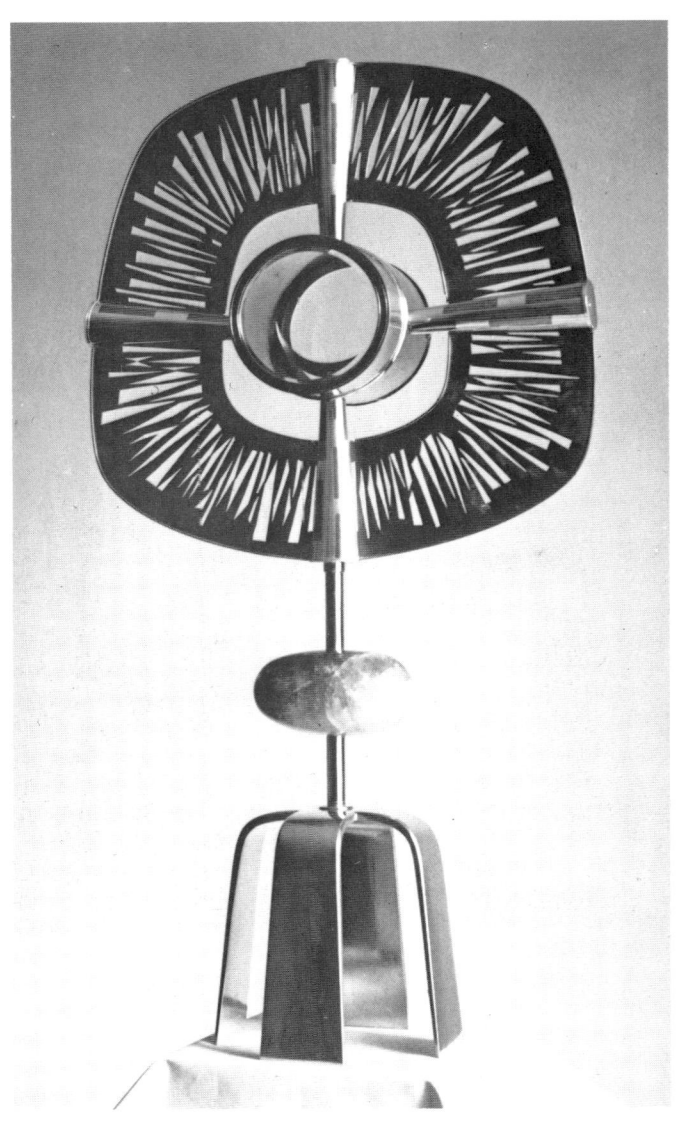

88 *Monstranz in Silber von Hans Berchtenbreiter, 1958*

89 *Vorhängescheibe von Anton Wolff, 1958*

Die Sakralkunst – von der kompletten Kirchenausrüstung bis zum Kerzenhalter –
bilaete einen der produktivsten Bereiche des zeitgenössischen Kunsthandwerks. Sie
demonstriert eine extreme Auffassung von handwerklicher Materialtreue, aber auch
das problematisch-gebrochene Verhältnis der modernen Kunst zur kultischen Religio-
sität

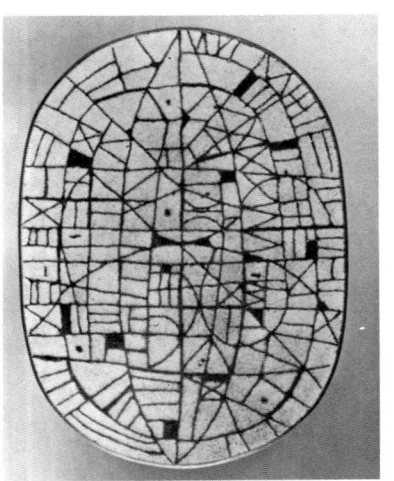

90 u. 91 *Zwei Beispiele für »indiviauelles, ehrliches kunstgewerbliches Gestalten«, das dem industrieorier.tierten, urbanen Designbegriff der 50er Jahre gegenüberstand: Vase und Schale in türkisfarbenem Email über getriebenem Kupfer, 1958 von Rudolf Kügler gestaltet*

Vielleicht tun wir auch noch einen Blick in einige zeitgenössische Interieurs. Sie sind uns in recht plastischer Weise durch die Fachliteratur und in Firmenkatalogen dokumentarisch erhalten geblieben:

Ein Lieblingsthema des modernen Geschmacks waren die Kleinmöbel, besonders Stühle und Sessel. Man saß in Kunststoffschalen, tuchbespannten Stahlrohrschleifen (Abb. 117), Sesseln in »Swingform«, zum »gelockerten Lesen und Plaudern«, sofern man nicht auf knirschenden Korbgeflechten herumrutschte. Verkauft wurden die ein-, drei- oder vier-, aber fast immer schrägbeinigen Möbel als »optische Akzente« oder mit dem Argument der »Körpergerechtigkeit«. Schräge, Diagonale und Keilformen bedeuteten »Spannung«, Rundungen, ei- und palettenförmige Schwünge priesen sich »organisch-plastoid« (Abb. 114). Neben diesen »mobilen Sitzgelegenheiten« stand oder hing im Idealfall ein Beispiel der – um 1950 in Italien geborenen – Metall-Leuchte, wenn es nicht die biegbaren Tütenlampen mit Ölpapier-Schirmchen waren.

92 u. 93 *Neben vielen atompilzähnlichen Formen, der beliebten Arpschen »Niere« und den von Kandinsky inspirierten abstrakten Mustern ist die X-Form eine der immer wiederkehrenden Silhouetten der 50er Jahre – von der Mode bis zur Architektur. Hier drei Glasgefäße von F. Meydam, 1959, und Porzellanvasen der Firma Rosenthal mit Dekor von Bele Bachem, ca. 1955*

Sonst konnte es sich um »Plexizylinder mit farbigen Lochblenden« handeln, um »Messingrohr mit mattweißen Aluminiumkelchen«, um »Opalglasstrahler«, »verchromte Pendel«, »Schlaucharme« und »Klemmfüße« (Abb. 99).

In welcher Umgebung waren diese »Trabanten der Wohnlichkeit« zu Hause? Vor allem in den erwähnten »Allzweckräumen«, in denen »das moderne Leben unmittelbarer, formloser, weniger patriarchalisch« zuging. Wohlhabender sieht schon diese Wohnung aus: »Der helle Schafwollteppich auf dem dunkelgrauen Gummifußboden, der neapelgelbe Vorhang vor den Fenstern, der blaue, handgewebte Bezug mit den Überkaros, der rote Sessel und dazu Pflanzengrün geben dem Raum Farbigkeit und behagliche Stimmung.«[31] Farbigkeit und behagliche Stimmung waren auch die Kriterien für andere, ähnliche Einrichtungen des frisch erblühten, mühsam verdienten Wirtschaftswunders. Der neue Geschmack war nicht so billig. Steinfußböden aus grauem Schiefer, schwarz-violette Möbelbezüge, Vorhänge aus Rohseidenimitat

141

und weißem Marquisette-Tüll konnte sich noch nicht jeder leisten – sofern er es überhaupt wollte. Auch die Farben waren nicht jedermanns Sache. Denn als »glückliche Kombination« wurde ihm vielleicht eine olivfarbene Decke, eine graphitgraue und eine rote Polsterbank, ein blauer und ein gelber Sessel, ein silbergrauer Schafwollteppich und schwefelgelbe Gardinen vorgeschlagen – und das alles für ein und dasselbe Zimmer.

Die Modernität der 50er Jahre machte natürlich auch vor der neu eingerichten Küche nicht halt. Ein solches »Hausfrauenparadies« wird hier nach einem Hinweis auf »moderne Ernährungsmethoden – das Mixen und Grillen« so beschrieben: »Vielfach sind die Eßtische... mit Resopal, Trolonit oder Formica bezogen, die Stühle und Sessel mit stoff- oder lederähnlichen Plastiks. Sie zeigen eine wunderbare Leuchtkraft der Farbe und einen feinen Glanz der Oberfläche... Man verwendet heute gern... farbige Keramikgeschirre neben Cromargantellern, hitzebeständige gläserne Geschirre neben getönten Trinkgläsern und Tonkrügen, setzt alles auf farbige Sets oder farbige Tischdecken und steigert das Ganze noch mit Blumen und Früchten.«[32]

Die Familie, die derart »von einer terraroten Kunststoffblende« umgeben am »umleimten Eßtisch mit seidenmatt-schwarz belegter Kunststoffplatte« auf ihren »Schaumgummikissen mit gelbem Cordbezug« saß, mochte in dieser schrillen Pracht glücklich oder unglücklich sein, eins war sie gewiß – modern!

> **das einmaleins der welt ist heut' verzwickt –**
> **wer heut' normal addiert und nichts kassiert,**
> **der ist verrückt.**
> **nur der humor hat noch ein plus,**
> **weil man das minus streichen muß.**
> **humor ist aller weisheit schluß.**
> – lotar olias, 1949

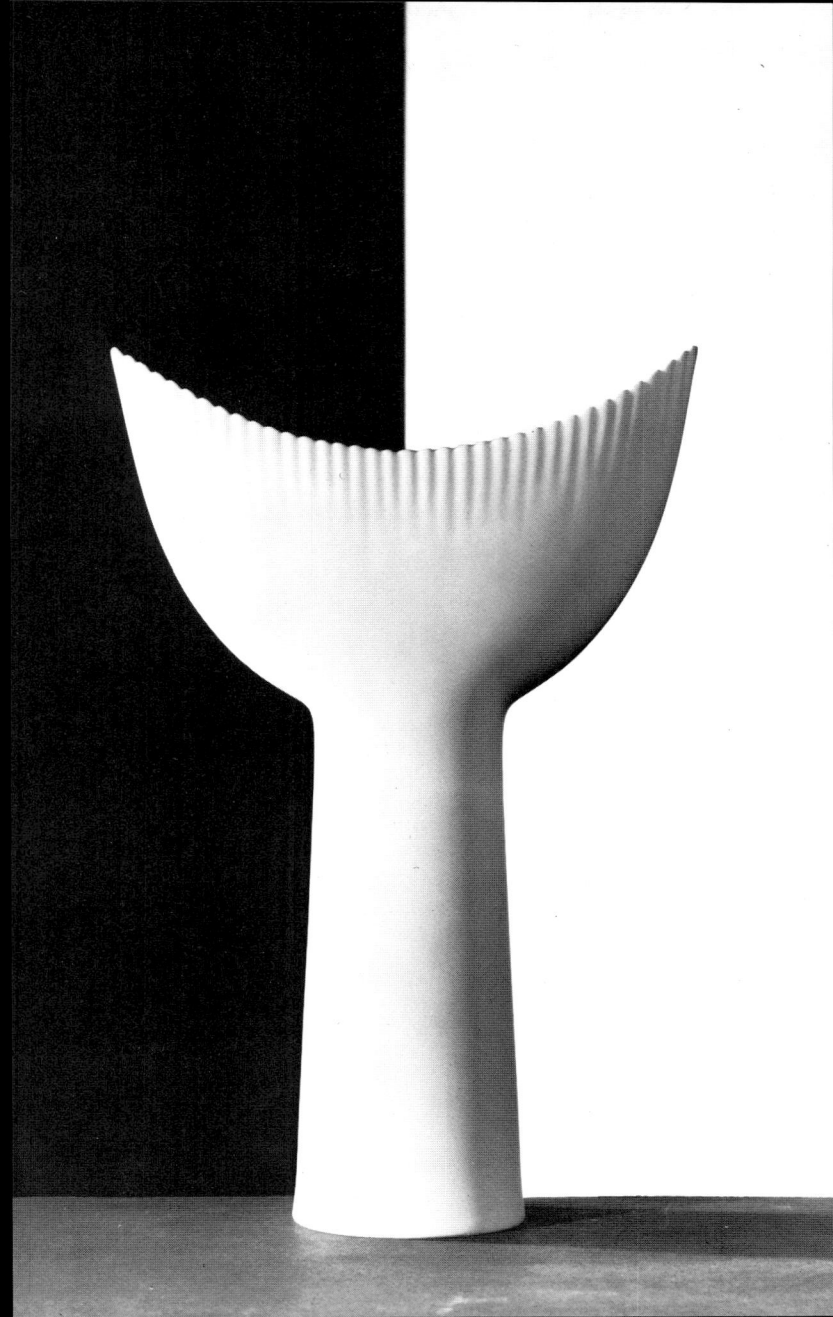

Die Funktion der Löffel

»Die Gegenstände wurden mit dem ›Compasso d'oro‹, mit dem Preis für industrielle Formgebung, ausgezeichnet… Kehrrichtschaufel. Einkaufskörbchen. Servierbrett. Ein Stück ist schöner als das andere, am schönsten jedoch eine WC-Bürste. Elegant wie ein Golfschläger. Hier wächst ein neuer, einfacher Stil heran, der einmal unser ganzes Leben bestimmen wird.«[33]

Der industriellen Formgebung, dem *Design,* im Zusammenhang unseres Themas – die Formen der 50er Jahre – einen verhältnismäßig großen Platz einzuräumen, hat gute Gründe: Erstens weil das Design für das Gesicht der 50er Jahre maßgeblich verantwortlich ist, und zweitens weil es in seiner gesamten Geschichte niemals mit einer solchen Verbindlichkeit definiert und auch verwirklicht wurde, wie in gerade diesem Jahrzehnt.

Über Ursprung und kulturelle Bedeutung des Design ist heute, im letzten Viertel eines designgeprägten industriellen Jahrhunderts nicht mehr zu diskutieren. Und die gesellschaftspolitischen Fragen, die das Metier von jeher begleiten und einst überhaupt seine Entstehung motiviert haben, sind hier nicht zu erörtern. Eigentlich überflüssig ist deshalb auch die Feststellung, daß gutes Design immer zu gleichen Teilen von gesellschaftlicher Moral wie von ästhetischer Erfindung bestimmt wurde; daher jedenfalls stammt die Vermutung, in kapitalistischer Umgebung komme dem Design eine Aufgabe zu, die sich mit der Funktion des Roten Kreuzes im Kriege vergleichen lasse.

◄ 95 Stahlbesteck 2060 *von Carl Auböck*

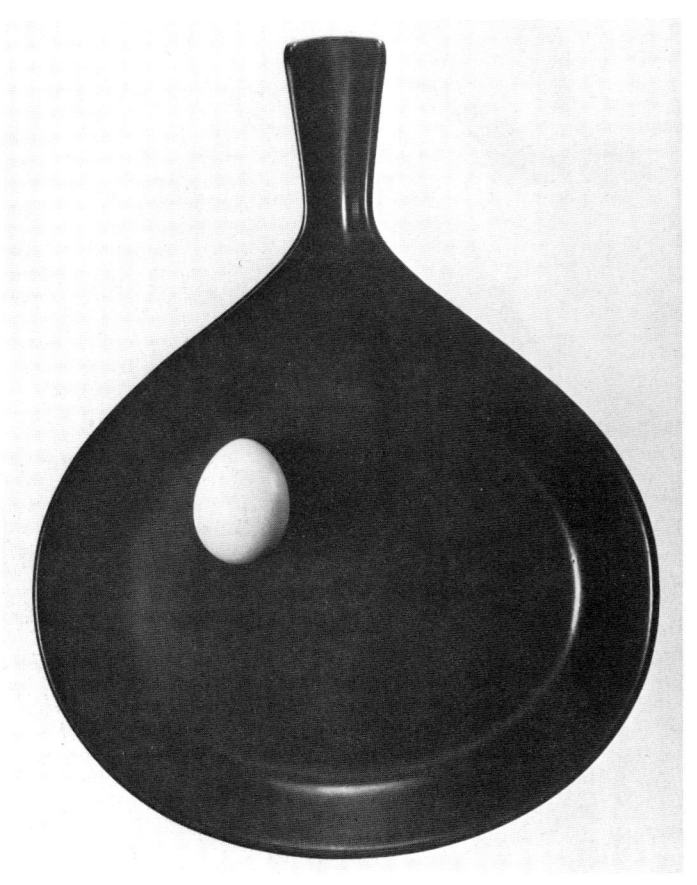

96 *Bratpfanne von Stig Lindberg, 1955*

1934 eröffnete das New Yorker *Museum of Modern Art* mit der Ausstellung *Machine Art* seine Design-Abteilung. Heute umfaßt sie mehr als 2000 Objekte, »ausgewählt aufgrund ihrer Qualität und historischen Bedeutung«. 150 davon sind ständig ausgestellt. »Wenn sie in tausend Jahren aus dem Wüstensand gegraben würden, könnten die Objekte aus der *Design Collection* des Museums den Archäologen – selbst solchen von einem anderen Planeten – etwas über die Leute erzählen, die sie gemacht, gebraucht und gesammelt haben...«[34]

97 *Teekanne von Trude Petri-Raben, ca. 1957*

Unter diesen, gewiß nicht für Archäologen oder Marsmenschen, sondern sehr präzise für ihre Zeitgenossen geschaffenen Objekten nimmt die Produktion der 50er Jahre quantitativ und qualitativ einen äußerst bedeutenden Platz ein. Auffallend an ihnen ist ihr Streben nach Eleganz in Verbindung mit hoher Funktionalität. »Funktion« bildete zweifellos – und in diesem Sinne seither zum letzten Mal – den Kern der zeitgenössischen industrieformerischen Ambitionen. Funktionalität repräsentierte in sich einen Wert und bildete die Basis für eine neue Ästhetik. Ohne die Hinwendung

147

zum Rationalen wäre die Loslösung von der Romantik und der Sentimentalität der spätbürgerlichen Zeit nicht möglich gewesen. Und noch einmal begegnen wir hier einem entscheidenden Charakterzug der 50er Jahre: Skeptische Lebenstüchtigkeit und Anti-Illusionismus als Antwort auf eine durch Ideologie und Heilsversprechen verursachte Katastrophe. In einer von ideologischen Zweifeln weitgehend unbefrachteten und vergleichsweise systemgläubigen Zeit entsprach die Dominanz des Funktionsbegriffs im Design ganz dem allgemeinen gesellschaftlichen Selbstverständnis.

» Architekten sannen über die ›Funktion‹ des Löffels, des Stuhles wie über metaphysische Ideen nach, und wer am besten durchschaute, was ein Eßlöffel ist und der überraschten Menschheit mitteilen konnte, wie ein Löffel in Zukunft aussehen müsse, war das Genie der Epoche.«[35]

Woher kamen diese genial-epochalen Löffel? Besonders aus den Design-Studios von Mailand und Turin, aus Kopenhagen und Stockholm, New York und Chicago. Aber auch aus Paris, London und Ulm. Dominierend waren die nach Amerika emigrierten und dort aufgegriffenen Bauhaus-Ideen, die erfinderische Eleganz der Italiener und der modern-solide Werkbegriff der Skandinavier. Über internationale Messen und Zeitschriften beeinflußten und inspirierten sie zunehmend die gesamte internationale Produktion.

98 *Tischlampe aus der Ausstellung* British Design; *John Reid, 1958* ▶

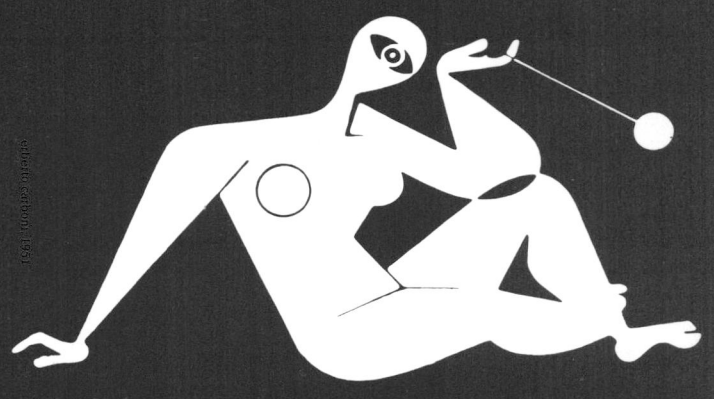

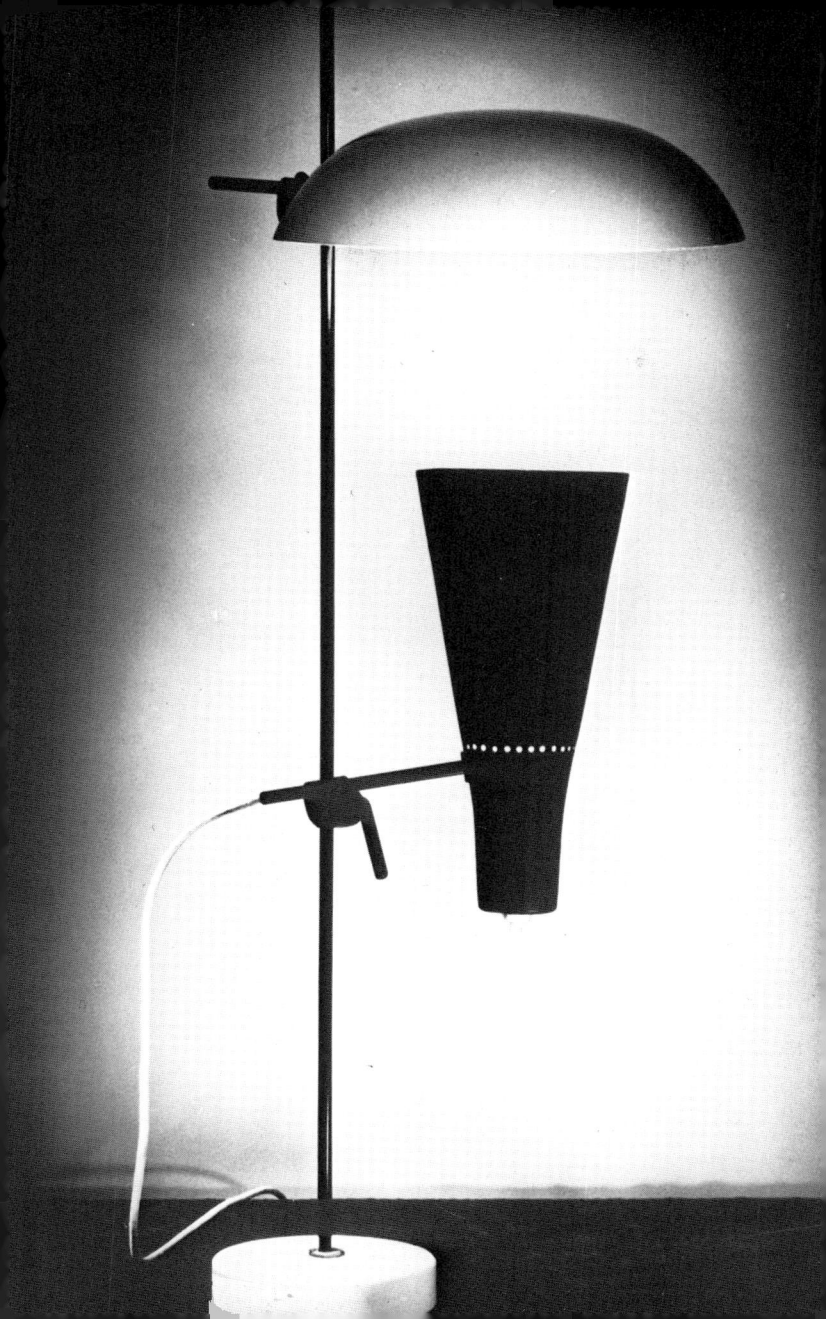

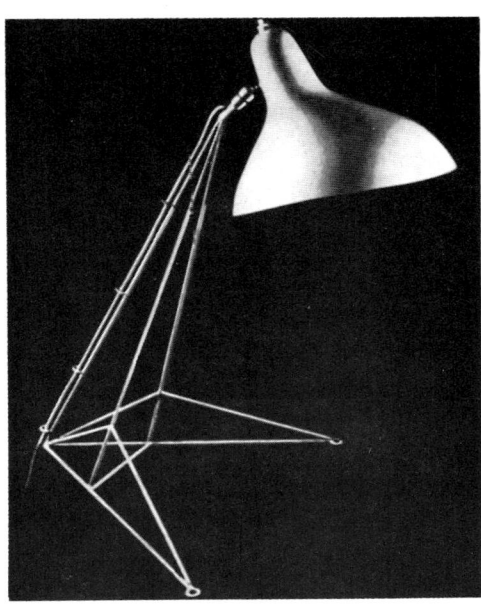

101 Verstellbare
Wandlampe für in-
direktes Licht; um
1955 bei Arteluce
in Mailand produ-
ziert

99 Tischlampe von
Bernard Schottlan-
der, ca. 1955

100 Stehlampe 444,
Knoll International,
ca. 1957

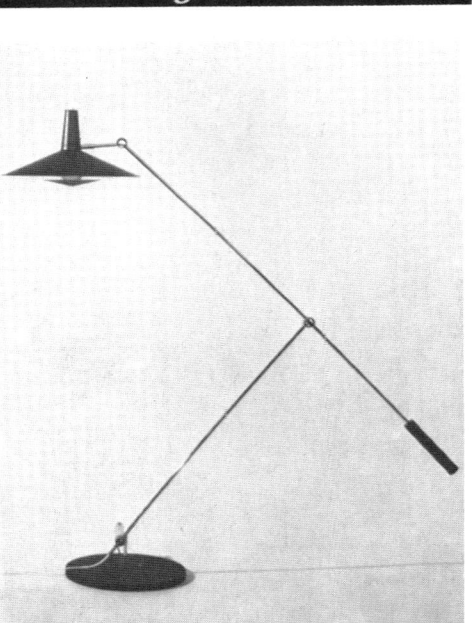

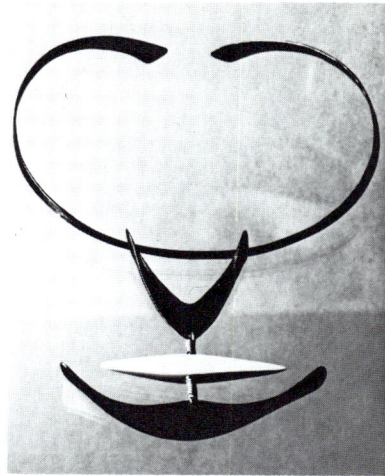

103 u. 104 *Eine weitere der zahlreichen – nicht produktspezifischen – Formverwandtschaften: Eine*
eckenlampe der italienischen Firma Arredoluce aus Messing und farbig lackiertem Metall und
in Halsschmuck von Maria Schubert in Gold, Elfenbein und Eisen; beide aus dem Jahr 1955

in yucatan, in yucatan, in yucatan
tan, tan, tanzte sie.
und jeder kann, und jeder kann, und jeder kann,
kann, kann, kann, kannte sie.
so lud sie viel, so lud sie viel, so lud sie viel
viel, viel, viel, viele ein,
in yucatan, in yucatan, in yucatan, tan, tan zu sein.
im fernen mexiko, da tanzte keine so,
drum hat sie's über nacht
so herrlich weit gebracht.
– harry hennerich, 1954

◀ 102 Geometric Fantasy *– amerikanische Wandlampe, deren aufsteigende Wärme ein*
Mobile von Marechal Brown bewegt; ca. 1954

105 Tischleuchte aus weißem Acrylglas von Hoffmann-Lederer, ca. 1957

106 *Als typisches Beispiel für den sogenannten »Cocktailkirschen-« oder »Nuklearstil« – siehe auch Abb. 9 u. 11 – eine italienische Wandleuchte aus Messing mit verstellbaren Strahlern; Arteluce, ca. 1955*

Konfusion und Erfindung

In den Vereinigten Staaten lösten die deutschen Emigranten eine wirksame künstlerische Erneuerung aus. Bis 1933 war Deutschland in der Herstellung gut geformter Industrieprodukte führend gewesen. Nachdem das Naziregime den *Deutschen Werkbund* und das *Staatliche Bauhaus* aufgelöst hatte, gelangten deren Vorstellungen mit den emigrierten Künstlern nach Amerika, wo allein in New York zeitweilig über dreißig Bauhäusler lebten. Aus den USA wirkten ihre Ideen nach dem Krieg – inzwischen weiterentwickelt – intensiv auf Europa zurück.

Der Ausbau des amerikanischen *Industrial Design* erfolgte in den 40er Jahren. Er wurde wesentlich vorangetrieben durch die Kriegsindustrie, die auch den Designern die – finanziell kaum eingeschränkte – Möglichkeit bot, erfinderisch und auf hohem industriellen Niveau mit neuen Materialien und avancierter Technik zu arbeiten. Die Rüstungsprogramme von *Army, Air Force* und *Navy* boten eine bisher ungekannte Entwicklungs- und Anwendungsmöglichkeit komplexer und struktureller Zusammenhänge von Material, Funktion und Gebrauch. Die so – auf quantitativ großer Basis – gewonnenen Erkenntnisse kamen nach Kriegsende unmittelbar der zivilen Produktion zugute; ähnliches geschah später mit den Entwicklungen der Raumfahrt-Forschung. Am stärksten profitierten die auf wirtschaftliche Effizienz angelegten Bereiche wie Elektronik, mobile Büro-Einheiten, präfabrizierte Industrie-Architektur aus montierbaren Elementen usw. Demgegenüber boten die Gegenstände des täglichen Gebrauchs – bei hohem technischen Standard – ästhetisch meist ein konfuses Bild, denn ihre modernistische Erscheinung orientierte sich ganz am vermeintlichen Geschmack des Konsumentenmarktes.

Um so herausragender waren die Design-Konzeptionen solcher Firmen wie *Herman Miller* oder der – ebenfalls auf den Entwurf von Interieurs und Möbel spezialisierten – Firma *Knoll Associates*. Die von Charles Eames für Miller konzipierten Möbel wurden ge-

◄ 107 *Ein Sessel wie eine Skulptur und ein frühes Beispiel für das in den USA propagierte* Organic Design. *Aus anderen Formvorstellungen und neuen Werkstoffen geboren, stellte es sich dem geometrischen Ideal von Reißschiene und Winkel entgegen, das als puristisches Postulat – etwa von De Stijl oder Bauhaus – mit den europäischen Emigranten nach Amerika gelangt war. Charles Eames' glasfiberverstärkte Kunststoffschale, 1948 für ein Fertigteil-Haus in Santa Monica entworfen, signalisierte einen neuen Abschnitt nicht allein im Umwelt-Design der USA*

radezu zu Klassikern moderner Formgebung, und Eames' Experimente mit Fiberglas-Sitzschalen, Schichtholz- und Drahtgeflecht-Möbeln beeinflußten eine ganze Generation junger Designer (Abb. 107, 121).

108 *Inkunabel und Ikone einer Kunstrichtung, die zehn Jahre später als* Pop Art *den internationalen Kunstmarkt erobern sollte: Richard Hamiltons 36 × 25 Zentimeter große Collage von 1956* Just what is it that makes today's homes so different, so appealing? – Was ist es nur, das das heutige Zuhause so anders macht, so anziehend?

109 u. 110 *Prospekte der altrenommierten europäischen Möbelfabrik Thonet, ca. 1955*

Hans Knoll stammte aus einer süddeutschen Fabrikanten-Familie, in deren Produktions-Programm bereits vor dem Krieg u. a. Stühle von Mies van der Rohe gestanden hatten. 1938 gründete er in New Yorks 72. Straße die *Hans Knoll Furniture Company;* heute zählt sie – mit Tochtergesellschaften und Lizenznehmern in 31 Ländern – als *Knoll International* zu den Großen der Branche. Ihre ästhetisch-funktionale Konzeption folgte den Entwürfen von Designern wie Harry Bertoia oder Eero Saarinen. Beide hatten früher zusammen mit Charles Eames und Florence Shust, der späteren Frau Hans Knolls, an der *Cranbrook Academy of Art* gearbeitet und beeinflußten nun – mit Hilfe einer international operierenden Firma – den zeitgenössischen Geschmack. Wie beherrschend Saarinens *Pedestal Furniture* (Abb. 118) – auf einem schlanken »Trompetenfuß« schwebende Sitzschalen – oder Bertoias Drahtgittersessel (Abb. 116) gewirkt haben, zeigt eine Beschwerde aus dem Jahre 1957: »Die Faust im Nacken heißt ›gute Form‹. Die Weltanschauungsfanatiker haben sich der Ideologie der ›industriellen Formgebung‹ bemächtigt. Sie zwingen uns einen neuen Komment auf, den ›Knoll 8/15‹.«[36]

160

ernst kettiger
franz vetter

möbel und räume
furniture and interiors
meubles et intérieurs

111 *Buchumschlag, ca. 1956*

Es folgen 14 Abbildungen von Stühlen und Sesseln – Abb. 112 bis 125. Als »Trabanten der ▶
Wohnlichkeit« und »moderne Akzente« beanspruchten sie das Interesse der internationalen
Designer-Aristokratie

112 *Mario Federico Roggero, 1949*

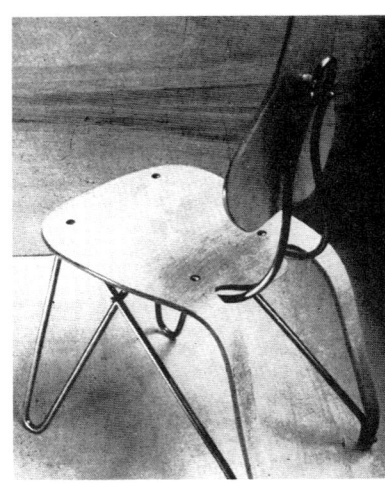

113 *Carlo Mollino, 1952*

114 *Arne Jacobsen, 1950*

115 *Fred Guille, 1957*

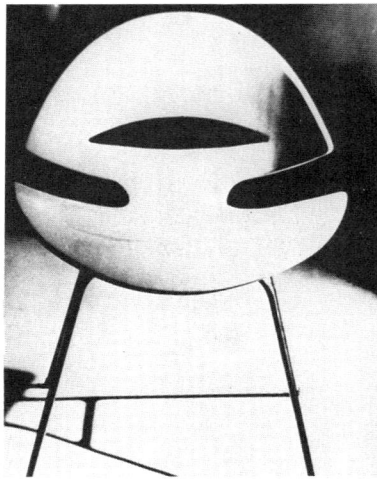

16 *Harry Bertoia, 1952*

117 Hardoy Chair, *ca. 1952*

18 *Eero Saarinen, 1958*

119 *Charles Eames, 1951*

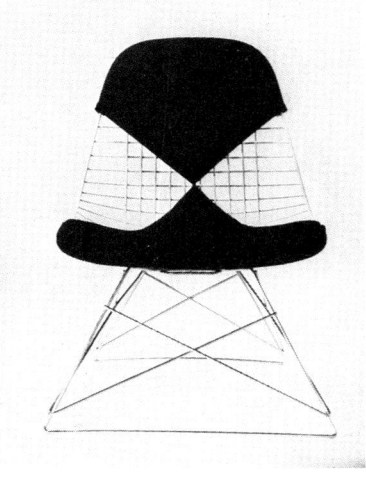

120 *Eternit-Gartenstuhl von Willy Guhl, 1954*

121 Lounge Chair *von Charles Eames, 1956*

Erben des Handwerks

Aus Skandinavien kam ein Design ganz anderer Prägung. Es war bei aller Entschiedenheit der modernen Form von der Tradition des Handwerks und vom Material bestimmt. Naturhölzer, Webstoffe, Keramik, Silber, Glas wurden, einem traditionellen Begriff von Werktreue folgend, auf ihre stofflichen Eigenschaften hin betrachtet. Das skandinavische Design stand damit, bei aller Entschiedenheit und Modernität, in starkem Kontrast zur eher synthetischen Eleganz der Amerikaner. Zugleich aber bildete es in Europa den großen Gegenpol zum einflußreichen italienischen Design. Die materialbewußte Eloquenz der Dänen, Schweden und Finnen konkurrierte – für beide Seiten erfolgreich – mit der phantasievollen, ästhetisch risikofreudigen Vehemenz der Design-Studios von Mailand und Turin. Die sich dabei gelegentlich überschneidenden Prioritätsansprüche der Formen-Erfinder – ob z. B. ein Glas aus Murano von Skandinavien angeregt worden war oder umgekehrt – waren oft nicht zu klären.

Die skandinavische Liebe zu natürlichen Materialien entsprach dem internationalen Bedürfnis nach »ehrlichem Ambiente«. Die endgültige Befreiung vom Historizismus der Jahrhundertwende und vom Ideal des repräsentiven Pomps der Vorkriegsjahre fand in

122 *Eßzimmer-Möbel von Carlo Mollino, ca. 1950*

165

123 *Mademoiselle-Stühle von Ilmari Tapiovaara, ca. 1955*

124 *Sitzecke von Alfred Altherr, 1958* ▶

125 *Tisch und Stuhl von A. J. Milne, 1953* ▶

der schlichten, aber sorgfältigen Konzeption der Skandinavier ihre Entsprechung. Vor allem das nordische Kunstgewerbe setzte sich durch. Zahlreichen sentimentalen Entgleisungen standen Schöpfungen gegenüber, wie wir sie heute zum Teil bereits in den Vitrinen der Kunstgewerbemuseen betrachten können. Der Bogen der handgearbeiteten Stücke spannte sich von den kostbaren Glasobjekten der Finnen Wirkkala (Abb. 94) und Sarpaneva (Abb. 79) über – von der bäuerlichen Webetradition Dänemarks inspirierten – Textilien bis hin zu den exemplarischen Metallarbeiten der renommierten Silberschmiede Georg Jensens (Abb. 31). Immer ist das Kennzeichen dieser Arbeiten eine beispielhafte handwerkliche Sicherheit, verbunden mit Einfachheit und eigentümlicher Heiterkeit. Dasselbe galt für einen Großteil der industriellen Fabrikation.

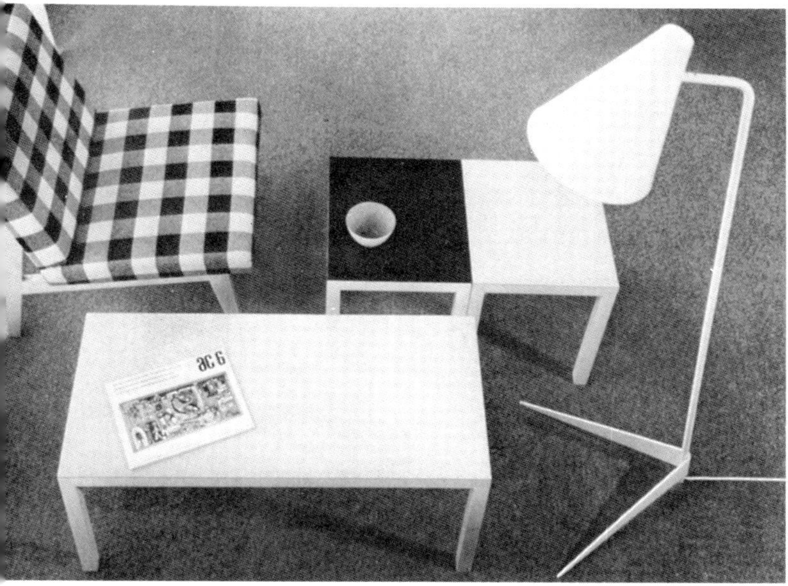

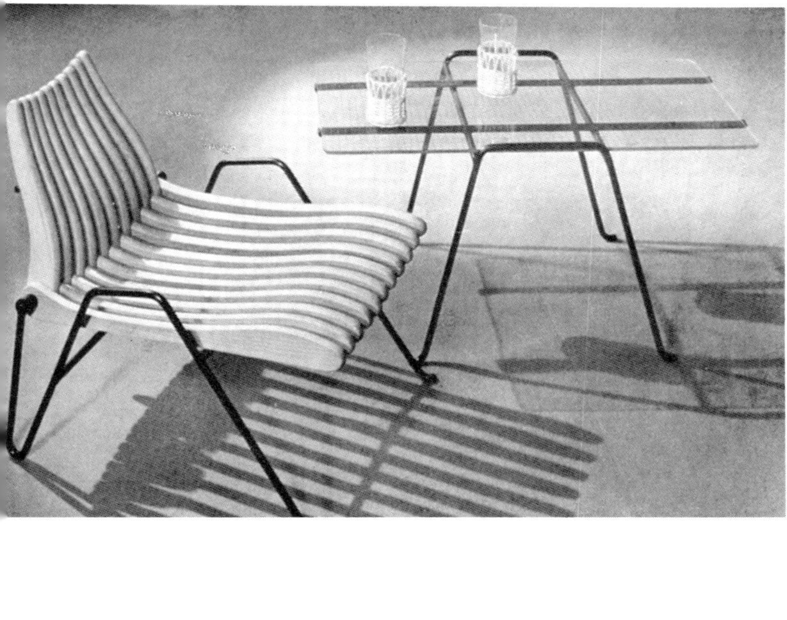

Modernità

»Forme Nuove... Das Neue ist da: Es liegt in der Rückkehr zu der echten, ursprünglichen Hemmungslosigkeit, die zum Wesen des Italieners gehört... Deshalb sprechen viele sogar von einer zweiten Renaissance. Ich würde lieber sagen, daß es die angeborene Leichtigkeit der Italiener ist, durch die Reinheit der Form und der Farbe, die Genauigkeit der Zeichnung, die hervorragende Ausführung und die richtige Anwendung des Materials sich eindeutig und verständlich ausdrücken, ohne die tausendjährige Tradition zu verleugnen, die aus allen Poren unseres Landes strömt.«[37]

126 Filmtheater Universum, München, ca. 1956; Wandmalerei von Ernst Weil

lambretta-roller, 1947

Durch die italienische Formgebung des 20. Jahrhunderts ziehen sich, einem roten Faden gleich, die Begriffe *Modernità* und *Aggiornamento.* Sie kennzeichnen die Bestrebung, eine um die Jahrhundertwende technisch und industriell unentwickelt dastehende europäische Kulturnation zu modernisieren. Über die futuristische Bewegung und den Rationalismus der 20er und 30er Jahre ging – anders als im nationalsozialistischen Deutschland – selbst in den italienischen Faschismus noch ein Großteil aktueller Modernitätsvorstellungen ein. Zwar lagen sie in ständiger Auseinandersetzung mit der akademischen Reaktion, aber sie wurden von den – ebenfalls um die ästhetisch-industrielle Aktualisierung des italienischen Agrarstaates bemühten – Faschisten zumindest nicht in toto in die Emigration getrieben. So konnte Italien, als es nach Kriegsende in weiten Bereichen Einfluß und Ansehen im internationalen Produkt-Design gewonnen hatte, auf eine niemals ganz unterbrochene, bis in die späten 20er Jahre zurückreichende Entwicklung zurückblicken.

1951 enthielt die IX. Mailänder Triennale erstmals eine Abteilung »Die Form des Nützlichen«. Dieses Datum markiert den eigentlichen Beginn der modernen italienischen Formgebung, denn nun gelangte das Design zu offizieller Anerkennung als entscheidender Aspekt der angewandten Kunst in Italien. Geprägt von einer Schar talentierter und ehrgeiziger Designer, gewannen die Produkte vieler Firmen international ästhetisch-funktionales Renommée. Aber auch der italienische Markt zeigte Initiative. 1954 stiftete das Warenhaus *Rinascente-Upim* den Design-Preis *Compasso d'Oro*. Er wurde jährlich verliehen und diente Entwerfern als kreativer Ansporn ebenso wie den mit ihm ausgezeichneten Produkten als Qualitätssiegel am Markt. Eine weitere Popularisierung des Metiers erstrebten außerdem die italienischen Fachzeitschriften. *Casabella, Civiltà delle Macchine, Il mobile italiano, Stile Industria* und vor allem *Domus* wurden zum Forum hochgesteckter gestalterischer Vorschläge, die Welt der technischen Zivilisation künstlerisch zu bändigen.

Ein Drittel der gesamten italienischen Produkte kam aus Mailand. Der vom historischen *Razionalismo* bestimmten Mailänder Tradition stand die kurvenreiche Formsprache der Turiner Schule gegenüber. Einer ihrer extremsten Verfechter war Carlo Mollino, Entwerfer handwerklich gearbeiteter Möbelstücke in fließenden und federnden Formen (Abb. 113, 122). »Der Genius eines Stils, den er in seiner perfektesten Form kristallisiert: der Stromlinien-Surrealismus!«[38]

◀ 127 *Das Pariser Restaurant* La Saladière, *ca. 1955, vereinte eindrucksvoll das Repertoire der zeitgenössischen Formen und Materialien: Stahl, Kunststoffe, Mosaik, Glas...*

shell-werbung, 1949

171

Eine ehrliche Maschine

Frankreich ist wenigstens mit einem, allerdings hervorragenden Beispiel zu erwähnen, dem Automodell *Citroen DS 19*. Es war die Sensation des Pariser Auto-Salons von 1955. Man sprach von einer neuen Ära in der Geschichte des Automobils. »Hydropneumatische Federung«, »automatischer Höhenausgleich« und »Scheibenbremsen« klangen damals eher nach Zauberformeln als nach technischen Daten. Gio Ponti, der große Mann des designbewußten Italiens, sah in dieser »kartesianisch« gepriesenen »Tabularasa-Konzeption« die Alternative zu den »Amischlitten«, die als Mitbringsel der US-Armee während der Nachkriegsjahre durch das noch staunende Europa rauschten. »Dieser Wagen hat den Mut, eine ehrliche Maschine zu sein. Er versucht nicht, wie die Produkte der amerikanischen Schule, den Käufer durch abscheuliche farbige Zierate und überdimensionierte Chromteile zu verführen. Die europäische Schule versteht es, auf die Technik zu hören.«[39] (Abb. 128).

128 *»Triumph der Vernunft«: Der* Citroen DS 19 *von 1955*

Staatliches Wohlwollen

In England, geschichtlich die Wiege des *Industrial Design*, hat industrielle Formgebung ihre größte offizielle Unterstützung gefunden. Trotzdem gerät man, nach »dem« britischen Design-Beispiel gefragt, in Verlegenheit.

Physisch weniger zerstört als Deutschland, aber vom Krieg wirtschaftlich erschöpft, veranstaltete das Inselreich 1946 die Ausstellung *Britain Can Make It.* Auch *The Festival of Britain*, 1951 als Hundertjahrfeier der legendären *Great Exhibition* im Kristallpalast von 1851 inszeniert, war ein Versuch, das nationale Selbstbewußtsein und die nationale Produktion fördernd zu stärken. Allerdings beflügelten derartige Veranstaltungen die Sehnsucht nach der viktorianischen Geborgenheit des 19. Jahrhunderts mindestens ebenso wie die moderne Phantasie. Als 1953 mit Elizabeth II. erstmals seit der mit Wehmut erinnerten Queen Victoria wieder eine junge Königin den britischen Thron bestieg, und zwar gleich mit dem ganzen royalistisch-romantischen Glanz eines – allerdings fast besiegten – Imperiums, lebte die Stimmung im Nachkriegs-England wieder auf (Abb. 4).

Im Sommer 1953 fand die erste Ausstellung britischen Industrie-Designs auf dem Kontinent in Zürich statt. Schon seit 1944 hatte es den *Council of Industrial Design* gegeben, die einzige mit öffentlichen Mitteln geförderte Institution dieser Art. Nach Kriegsschluß wurde sie zudem mit starker staatlicher Autorität ausgestattet und nahm großen Einfluß auf den Wiederaufbau und die Zivilproduktion. Und 1951 wurde, unter Beteiligung namhafter Industrieller, auf einem Fachkongreß in London die Resolution verabschiedet, daß *Design Policy* zu den »verantwortungsvollsten Obliegenheiten der obersten Industrielenkung gehöre«.

Das hellgraue Radio

»Das kleine Volk der Dänen hat es fertiggebracht, daß von New Delhi bis New York eine bestimmte Schicht sich dänisch möbliert. Die Skandinavier schaffen die neuen Leitbilder der Form. Die Schweizer die der Grafik. Die Italiener beleben die Konstruktion und den Dekor, die Franzosen haben ein paar geniale Bauvorstellungen.. Der Beitrag der Deutschen zur internationalen Formgebung ist jedenfalls ein gutgebauter Radioapparat.«[40]

Es ist wahr, beim Thema »Deutsches Design der 50er Jahre« fällt stets zuerst der Name Braun. Während Talmi-Eleganz, Goldknöpfe und »Magisches Auge« noch überall die Regel waren, präsentierten sich um 1955 die Braun-Geräte als erste ihrer Art in hellen, klaren Formen: Ahornholz, typografisch saubere, hellgraue Skalen und Abmessungen, die bereits auf eine Integration in moderne Wohnelemente abzielten (Abb. 83). Aus einer Eigenpublikation

173

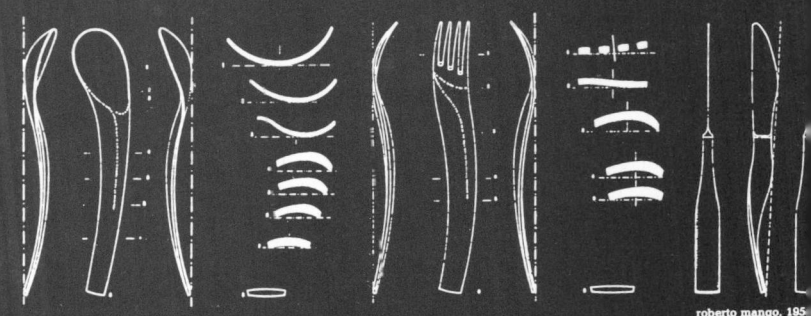

roberto mango, 195

der Firma: »Wenn das Brauchen Sinn und Zweck hat, und wenn
das Gestalten und Herstellen Sinn und Zweck vollkommen erfüllt,
dann gelangen die Dinge nicht nur zu ihrer eigenen Form, sondern
sie gewinnen auch diese überindividuelle gemeinsame Haltung,
die wir Stil nennen.«[41] (Abb. 133–135).

1955 hatte Fritz Eichler den Anstoß zum neuen Design-Konzept
der Firma Braun gegeben. Was Eichler »aufgedonnert und speku-
lativ verlogen« nannte und als »Bühnendekoration für unerfüllte
Wunschträume« ablehnte, erhielt seine Erneuerungsimpulse zuerst durch Hans Gugelot, Otl Aicher und Herbert Hirche, das Drei-
gestirn des deutschen Design-Gewissens. Und unter der Leitung
von Dieter Rams baute Braun bald eine eigene Design-Abteilung
auf.

Wie – etwa über den Namen Hans Gugelot – der »Braun-Stil« mit
der Ulmer *Hochschule für Gestaltung* verbunden ist, ist es – mehr
oder weniger – ideell auch die Nachkriegsgeschichte der industriellen Formgebung in Deutschland. Bei der Einweihung, 1955,
sprach Walter Gropius vor 700 Gästen, darunter viele ehemalige
Bauhäusler, von der »Notwendigkeit des Künstlers in der demo-
kratischen Gesellschaft«. Tatsächlich begriff sich das Ulmer Insti-
tut als eine Fortsetzung der hierzulande 1933 ausgelöschten Bauhaus-Ideen. Sein erster Rektor, Max Bill, selbst von 1927–29 Kan-
dinsky-Schüler am Bauhaus, hatte das »Ziel, eine mit unserem
Technischen Zeitalter übereinstimmende Lebensauffassung
schaffen zu helfen«. Der Hochschule kam als »Geschwister-
Scholl-Stiftung« noch eine spezifisch deutsche, moralisch-politi-
sche Dimension zu; die Geschwister Scholl waren im Widerstand
gegen Hitler umgekommen.

174

129 BMW Isetta, *1954/55*

Die ehrgeizigen Absichten von Ulm existierten bis 1972, als die Hochschule schließen mußte. Es fehlten die Mittel, die Köpfe und der Zeitgeist, um sie zu erhalten.

Das Vorbild Bauhaus hat die Geschichte der internationalen industriellen Formgebung seit den 20er Jahren begleitet. Wohl hatte

schon der 1907 gegründete *Deutsche Werkbund* eine »Veredelung
der gewerblichen Arbeit im Zusammenwirken von Kunst, Industrie und Handwerk« gefordert, aber erst mit der *Bauhaus GmbH*
als »Vertriebsorganisation für Modellverkäufe bzw. zur Herstellung von Kontakten und zur Abwicklung von Geschäften mit Ge-
werbe und Industrie« erfolgte die praktische Verwirklichung dieser Idee. In den 50er Jahren lebte sie wieder auf, aus heutiger Sicht
allerdings mehr mit der Wirkung eines idealistischen Zitats als der
eines tatsächlich herstellbaren Kontinuums.

Ein Credo stirbt

Als Deutschlands – alles in allem nicht gerade kühnes – Design international diskussionsfähig wurde, waren die meisten virulenten
Fragen des Metiers bereits ausgehandelt. Und während der Begriff
»Funktion« zum Ende der 50er Jahre als ästhetische Basis seinen
weltanschaulichen Charakter zunehmend verlor, machte sich bereits ein veränderter Zeitgeist bemerkbar, der der 60er Jahre: Die
mögliche Koexistenz des Unterschiedlichen. Sie wurde bereits

130 *Zwiebelmesser* Schneidboy, *1956*

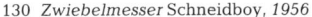

131 *Gießkanne aus Plexiglas; Design Max Richter, 1955*

1960 auf der Mailänder Biennale – »Barometer des modernen Geschmacks« – sichtbar. Die alten Avantgardisten sprachen von einer
»Katastrophe der Formgebung«. Für sie, die »das Welträtsel der
guten Form« gelöst wußten, denen sie eine Art optischer Intelli-
genz-Basis gewesen war, stimmte die Welt nicht mehr.

Es war das Ende dessen, was man »Architekten-Stil« genannt
hatte und historisch bis vor die 20er Jahre zurückreichte. Er hatte
sich erstmals konkret in der holländischen *Stijl*-Bewegung gezeigt
als der Versuch einer ganzheitlichen Bestimmung der Gesellschaft
durch die Schönheit des Rationalen. Erster und absoluter Beleg dafür war das 1924 von Gerrit Rietveld in Utrecht gebaute *Schröder-
Haus.* Als rein konstruktivistisches, auf primäre Formen und Farben reduziertes Wohnhaus schien es die Möglichkeit zu beweisen,
das menschliche Ambiente bis ins Detail ästhetisch zu strukturie-
ren. Das anfangs handwerklich verwirklichte Ideal übertrug sich

177

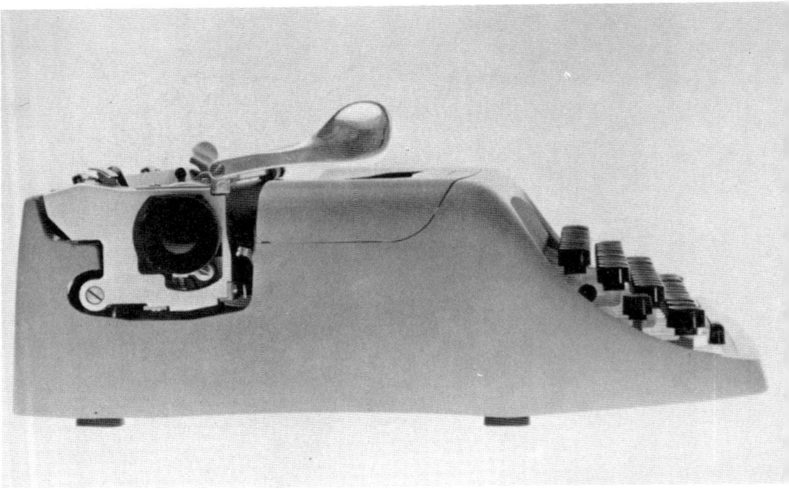

132 *Olivettis* Studio 44, *1952 von Marcello Nizzoli entworfen*
134 *Radio-Plattenspieler, entworfen von Wilhelm Wagenfeld, 1955*

33 *Hans Gugelot: Braun-Lautsprecherkombination* Studio 1, *1958*

35 *Taschenempfänger* T4, *Entwurf Dieter Rams, 1959; ebenfalls für Braun*

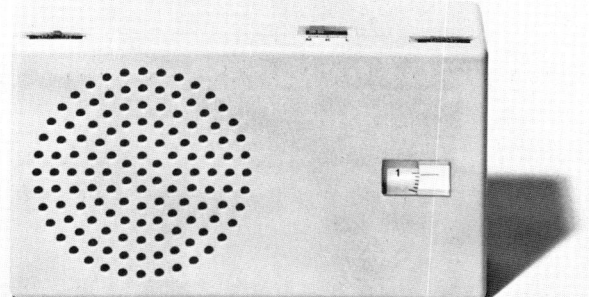

auf die industrielle Produktion, der eine besondere soziale Verantwortung beigemessen wurde. Die 50er Jahre erlebten den Höhepunkt dieser Entwicklung bereits in Form eines »Neuen Stils«. Endgültig schien die Form der Dinge nicht mehr eine Konvention derer, die sie benutzten, sondern derjenigen, die sie entwarfen. Die Designer bestimmten, was modern war.

Zusammen mit den 50er Jahren endete eine Epoche des Designs. Indem sich der Akzent der technisch bestimmten Welt des 20. Jahrhunderts von der Maschine und ihren Produkten auf die abstraktere elektronische Erfassung und Steuerung gesellschaftlicher Daten verlagerte, verlor auch die historische Mission der industriellen Formgebung an Boden, der seine Festigkeit einst aus dem Glauben an eine durch die Schönheit der gemachten Dinge harmonisierbaren Welt gewonnen hatte. Man war davon ausgegangen, sie würde sich – als etwas ideologisch wie praktisch Greifbares – dem formenden Zugriff erschließen. Doch immer mehr wurde offenbar, daß es eine Welt aus vielen parallel funktionierenden Welten war, die sich einem allgemeinen gestalterischen Credo entzogen.

Von daher wäre vertretbar, festzustellen, daß die Formen der 50er Jahre die – bisher – letzte große Blüte einer als verbindlich akzeptierten Ästhetisierung der Wirklichkeit darstellen. Das Design hörte nicht mit den 50er Jahren auf, aber es verlor viel von der Verbindlichkeit, von der es gelebt hatte.

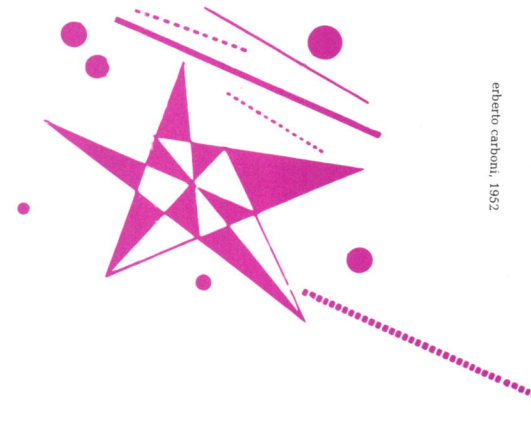

erberto carboni, 1952

◀ 136 u. 137 *Genormte Schönheit und das Ideal der perfekten Form – zwei Bilder, zwei Welten, dieselbe Zeit*

die wiederentdeckte erinnerung

Die Sache mit der Nostalgie
Die Wiederentdeckung der 50er Jahre fällt in unsere Tage. In Publikationen, Zeitungsfeuilletons, Ausstellungen, Filmclubs, Fernsehfeatures und musikalischen Revivals wird ein Jahrzehnt rekapituliert, von dem uns bereits eine ganze Generation trennt.

Zuerst war – wenn auch nach mehr als einem halben Jahrhundert – der Jugendstil wiederentdeckt worden. Dem folgten Kunst und Kunstgewerbe der Jahre zwischen den Weltkriegen, subsummiert als Art Déco. Danach, anstatt der historischen Entwicklung zu folgen und sich nun auf die Zeit nach 1945 zu besinnen, rückten plötzlich Gründerzeit und 19. Jahrhundert bis zurück zur Romantik ins allgemeine Interesse. Der Grund für die Beschäftigung mit diesen Epochen des industriellen Zeitalters – und da hinein fallen Jugendstil, Art Déco und Gründerzeit allemal – mag sein, daß wir uns oft in ihren Ideen von Fortschritt und Modernität wiedererkennen. Zugleich repräsentieren sie aber auch die populäre Vorstellung von einer als mittlerweile verloren empfundenen existentiellen Stabilität, beruhigend geordneten Wertverhältnissen – und nicht zuletzt von einem zutiefst bürgerlichen Streben nach affirmativer Schönheit. Wie sehr ein solches Geschichtsbild trügt, wissen wir. Dennoch mischt sich in unser Wunschbild – und das ist es – eine quasi luxuriöse Wehmut nach etwas, das es so niemals gegeben hat. Tatsächlich können wir von einer in die Vergangenheit verlegten Utopie sprechen. Das Schlagwort Nostalgie und seine unverhältnismäßige Popularität leben ganz aus jenem Wunschbild einer idealisierten Vergangenheit. Gegen solche Fiktionen und Träume wäre wenig zu sagen, offenbarte sich in ihnen nicht unübersehbar auch Flucht aus der Gegenwart und eine gewisse Angst vor der Zukunft; Angst vor einer Zukunft, zumindest Ratlosigkeit ihr gegenüber, die eines utopischen Entwurfs sicher dringender bedarf als unsere Vergangenheit.

Die Suche nach dem Nierentisch

Die Wiederentdeckung der 50er Jahre hat es nicht ganz leicht: Eigentlich weiß man noch zu gut, wie es wirklich war, um das Jahrzehnt leichtfertig melancholisch zu verfärben. Die ersten, die diesen Versuch unternehmen können – und unternehmen – sind die ganz Jungen, die Generation der Nachgeborenen. Immerhin wurde ein heute Zwanzigjähriger geboren, als die 50er Jahre bereits vorbei waren, und aufgewachsen ist er in den 60er und 70er Jahren, die sich vom vorangegangenen Jahrzehnt schon bald so gründlich abgenabelt hatten, daß man tatsächlich von einer anderen Zeit sprechen kann: Mondlandung und Hippies, Präsidentenmord und Beatles, Pop Art und Studentenrevolte, Mary Quant und Marshall McLuhan . . .

Für diese junge Generation ist es erstmals möglich, die 50er Jahre so zu sehen, wie sie sie sehen will. Sie entdeckt dabei Trivialität als Qualität, wobei ihr diese Trivialität ungebrochen scheint und bar der Zweifel, die an allem nagen, was Gegenwart heißt. Während die Schwierigkeiten mit dieser unbegreiflich komplexen Gegenwart entmutigend und unlösbar scheinen, stellen sich die 50er Jahre als ebenso über- wie durchschaubare Epoche dar. Was dieser Generation aus den Hollywood-Streifen, Modejournalen oder Schlagern von damals entgegentritt, berührt sie als herrlich dissonante Künstlichkeit und »schriller Geschmack« einer Zeit, die mit den Erinnerungen an die ersten Jahre der eigenen Kindheit zusammenfällt. Mag es für sie eine gute oder eine böse Zeit gewesen sein – auf jeden Fall war es eine Zeit vor ihrer Zeit.

Das Revival

»Im Black Raven Pub in Bishopsgate, an Freitag- und Samstagabenden, scheinen die 60er Jahre nicht zu existieren. Die Bar ist voller Männer um die 30, in Teddy-Boy-Aufmachung und mit Schnürsenkel-Krawatte. Der Tanz dient der Erhaltung der athletischen Tradition des amerikanischen Jive. Ein zufälliger Besucher könnte meinen, fünfzehn Jahre zurückversetzt worden zu sein. Aber der Besitzer, Bob Acland, würde ihm versichern, daß er soeben in die unmittelbare Zukunft eingetreten sei . . .« – ein Zitat aus der *Sunday Times* vom 27. September 1970.

Am 16. Juni 1972 erschien LIFE mit dem Titelfoto eines hüftenschwingenden Hula-Hoop-Mädchens (Abb. 138). LIFE, die amerikanische Illustrierte, die für Jahrzehnte dynamisches Vorbild des internationalen Bildjournalismus war, widmete diese Nummer dem Jahrzehnt, in dem sie selbst ihren Höhepunkt erlebt hatte. Nicht lange danach stellte sie ihr Erscheinen ein; eine Konsequenz veränderter Zeiten, Märkte und des Fernsehens.

LIFE

The
50s

WACKY REVIVAL OF
Hula hoops
Ducktails
Sock hops
Marilyn Monroe look
Rock 'n' roll
Elvis himself
-- plus a '50s quiz

JUNE 16 • 1972 • 50¢

188 *Kurz bevor die große Illustrierte LIFE ihr Erscheinen einstellte – und mit ihr ein Kapitel* *oderner amerikanischer Kulturgeschichte zu Ende ging –, rekapitulierte sie noch einmal das* *hrzehnt ihrer eigenen Hochblüte:* The Fifties

Bevis Hilliers Buch *Austerity-Binge* erschien 1975 in London. Aus britischer Sicht rekapitulierte es erstmals die Phänomene der Nachkriegsjahre und versuchte, die bestimmenden Gestaltformen zu ordnen und zu deuten.

Von nun an erfolgte die öffentliche Sichtung der 50er Jahre in immer kürzeren Abständen:

Über die Fließbandarchitektur jener Zeit berichtete die Frankfurter Allgemeine Zeitung im November 1975 unter der Überschrift »Der Geist der fünfziger Jahre«.

Kurz zuvor war gerade noch einmal James Dean durch die internationale Presse gegeistert: Sein Todestag hatte sich, ebenfalls 1975, zum zwanzigsten Mal gejährt – »Die Trauer will kein Ende nehmen«.

In London kam um dieselbe Zeit ein merkwürdiger »Trümmerfrauen-Look« in Mode, als sich langbeinige Mädchen in umständlich zusammengesuchte Überbleibsel aus den Nachkriegsjahren hüllten. Aufgerollte Söckchen über nackten Fesseln, hochgesteckte Rita-Hayworth-Frisuren unter fahlen Seidentüchern und abgetragene Herrenjackets erinnerten lebhaft an den verzweifelten Schick einer zurückliegenden Zeit, wo ein mottenzerfressenes Pelzjäckchen zwischen Kleiderschrank und Luftschutzbunker wortwörtlich seine Feuertaufe erhalten hatte.

Auch das Kino entdeckte seine Vergangenheit wieder. In Cinématheken und Filmclubs zuerst, bald aber auch im Kino um die Ecke tauchten die alten Erfolge wieder auf – von Hollywoods Kolossalschinken, in denen selbst Ben Hur und Kleopatra wie 50er-Jahre-Geschöpfe reinsten Wassers wirkten, bis hin zu den ambitionierteren Filmkunststreifen der *Nouvelle Vague,* in denen die Faßbinder-Fans von heute richtigerweise den Anfang des Autorenfilms erkannten. Aber auch die Vergangenheit selbst wurde Gegenstand von Filmen; etwa in dem Woody-Allen-Titel »Der Strohmann«, dessen Thema McCarthys Kommunistenjagd der frühen 50er Jahre war.

»Die frühen 50er als Fernsehrevue: Im Kino lief das Knef-Skandalstück ›Die Sünderin‹; Autonarren zwängten sich in ihren Leukoplastbomber (›Wer den Tod nicht scheut, fährt Lloyd‹), und aus den ersten UKW-Radios erklangen Rudi Schurickes schmalzige ›Florentinische Nächte‹ – Erinnerungen an die frühen 50er Jahre, an die Gummibaum- und Nierentischkultur.« So kündigte DER SPIEGEL 1977 eine für 1978 anberaumte mehrteilige Fernsehserie über »diese fast vergessene Ära« an, zu der gerade Ulrich Schamoni die Vorbereitungen getroffen hatte.

Anlaß, sich der 50er Jahre noch einmal schwärmerisch zu erinnern, bot der Tod zweier Heroen aus der Welt der Musik. Beide hatten, so verschieden wie nur denkbar, aber auch so absolut wie nur denkbar ihr Metier beherrscht: Elvis Presley und Maria Callas. Beide starben 1977. »Die Tigerin« Maria Callas, gerade in den 50ern Königin der internationalen Opern- und Konzertbühnen und die letzte grandiose und skandalöse Primadonna seither, wurde postum noch einmal weltweit gefeiert: als »Sängerin, mit der eine Epoche versank«!

Demgegenüber hatte man nach Presleys Tod eher den Eindruck, als lebte mit seinem Tod eine ganze Epoche wieder auf. »Er hat uns gegen unsere Eltern, denen ja sonst alles gehörte, etwas Eigenes gegeben. Bis jetzt hatten wir immer nur zu hören bekommen: ›Dafür bist Du noch zu jung.‹ Mit Elvis in den Ohren konnten wir zurückbrüllen: ›Dafür seid ihr schon zu alt.‹« Während späte Kollegen, wie hier Udo Lindenberg im *Stern* vom August 1977, Elvis Presley aus dem Initiator ihrer eigenen Welt dankten, kehrten die Superhits jener Jahre auf die »Top Ten Charts« der Radiostationen zurück, und Jugendliche trauerten wehmutsvoll einem Mann nach, der leicht ihr Vater hätte sein können und doch einer von ihnen war – und in gewisser Weise war er beides, auch jetzt noch, da er tot war.

Die Reihe der Ausstellungen, in denen die Kunst und das Leben der 50er Jahre – zum Teil wieder, zum Teil zum ersten Mal – aufs Podest gehoben wurden, begann ebenfalls in den späten 70ern.

139 *Die Monumente der 50er Jahre als Nippes der Gegenwart: Aus Italien kommen Guggenheim-Museum und die Kapelle von Ronchamp als keramische Eierbecher oder Tabakdosen*

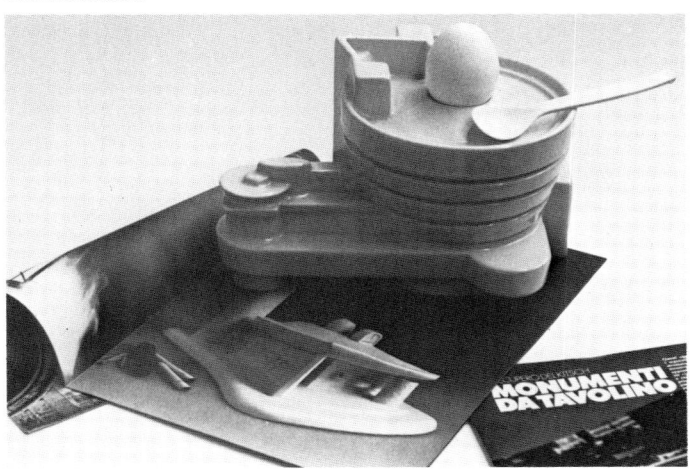

140 *Der schräge Geschmack. Während Knoll und Miller Collection das 50er-Jahre-Design nie aus der Produktion gestrichen haben und heute mehr Eames-Stühle existieren als je zuvor, sind Nierentisch, Tütenlampe und die frühen Braun-Radios auf der Müllkippe gelandet. Mitte der 70er Jahre erst entdeckten junge Sammler die trivialen Reize dieser Dinge und erhoben sie in den Rang von Antiquitäten*

»Ein Zeitraum von 18 bis 27 Jahren, der zwischen uns und den Fünfzigern liegt, ist sicherlich zu kurz, um auch nur den Ansatz eines historischen Urteils zu erlauben. Auf der anderen Seite ist deutlich zu erkennen, daß diese Zeitspanne bereits als ein abgeschlossener Bereich des historischen Bewußtseins gelten kann, der seine eigene Physiognomie besitzt«, hieß es im Katalog zur Wuppertaler Ausstellung *Die 50er Jahre.* Zwar zaghaft noch und wohl dem Gegenstand der Schau, vor allem seinen trivialeren Aspekten mißtrauend, reihten sich hier erstmals neben Skulpturen und Gemälde auch Küchenuhren, Wannensessel und Trompetenfußstühle. Gleichzeitig erinnerte man sich in Italien mit der Ausstellung *Il design negli anni '50* an eine Epoche, die mit der *Vespa*, mit Olivettis *Lettera 22*-Schreibmaschine, mit Lampen, Glas und Möbeln einen Designstandard geschaffen hatte, bei der moderne Ästheten noch heute ins Schwärmen geraten.

»Der Frieden frißt seine Kinder« war die SPIEGEL-Überschrift vom 10. November 1977. Er beschrieb die »Suche der deutschen Schriftsteller nach den 50er Jahren« und meinte, dieser Generation gelte es, »die Sprache wiederzufinden, die es ihr in der von Adenauer, dem Vater der Väter, geprägten Ära verschlagen hatte«.

Gleichzeitig sah man auch die Gegenstände der Erinnerung selbst allmählich wieder auftauchen. In kleinen Antiquitätengeschäften und auf den Flohmärkten von Brüssel, Berlin oder London lösten sich keß-schiefe Porzellanvasen und Schminkspiegel mit Mosaikeinlagen aus der Anonymität des Abfalls und gelangten als »Nierismus« auf Tische und Regale. Die ersten Sammler solcher Stücke ließen sich einen »schlechten Geschmack« unbekümmert bestätigen. Schließlich war es noch keine zehn Jahre her, daß es den ersten Art-Déco-Sammlern ähnlich ergangen war. Was sie in den Vorkriegsüberbleibseln an »Scheußlichkeiten« entdeckt hatten, lockte inzwischen prominente Bieter in die Auktionshäuser von New York und Paris. Doch auf der Suche nach den Dingen der 50er Jahre fiel auf, wie wenig – auch ohne Bomben und Feuer – überlebt hatte. Der Grund war unschwer zu entdecken: Anders als bei klassischen Antiquitäten, anders auch als selbst noch beim Art Déco, waren die interessantesten Objekte hier nicht mehr Produkte kunsthandwerklicher Sorgfalt oder aus kostbarem Material. Selten war es das wertvolle Einzelstück, in dem die zeitgenössischen Formvorstellungen sich zeigten, sondern vielmehr der bestenfalls funktional-schöne, auf industrielle Herstellung angelegte Entwurf. Waren bis zum 2. Weltkrieg dekorative Kunst und Kunsthandwerk vor allem das Anliegen des kulturtragenden Bürgertums gewesen, so übernahm in der veränderten Nachkriegsgesellschaft – gut oder schlecht – die Industrie die Gestaltung der Umwelt. An die Stelle des umworbenen, oft prominenten Kunsthandwerkers trat der meist anonyme Designer, erkennbar nur an der Marke, unter der seine Ideen in den Markt gelangten. Die Ideen indessen hatten diesem Markt zu entsprechen, und die Produkte zielten auf Verbrauch. Dementsprechend war ihre Erscheinung. Nicht auf den individuellen Auftraggeber, sondern auf allgemeine Kaufkraft zugeschnitten war auch die Materialqualität – und damit die Lebensdauer der Dinge. Hatten ein Lacksekretär oder eine versilberte Leuchte die 30er Jahre allein schon wegen ihrer Einmaligkeit oder ihres Materialwerts überstanden, so gab es kaum Gründe, einen abgenutzten Stuhl mit Plastikbespannung oder eine versengte Stehlampe aus den 50ern aufzuheben. Deshalb ist so wenig von diesen Dingen geblieben. Ein altes Radio aufzuheben, obwohl es nicht mehr spielte – selbst wenn die Marke *Braun* hieß –, konnte einem auch als Designliebhaber erst in den Sinn kommen, als das moderne Design sich als eminent kulturgeschichtliches Phänomen abzuzeichnen begann. Aber da waren die 50er Jahre schon vorbei und das Radio mit dem übrigen Sperrmüll verschwunden...

Mit den Objekten entledigten sich die Erben der 50er Jahre weitgehend auch der Erinnerung an jene Zeit. Nach über zwanzig Jahren den Versuch einer Revision zu machen, scheint deshalb umso interessanter.

erberto carboni, 1952

Who is who?

Aalto, Alvar 1898–1976 Finnischer Architekt. Eröffnete 1923 sein eigenes Büro, das in den folgenden Jahrzehnten viele internationale, meist öffentliche Bauten und oft auch deren Interieurs realisierte. 1944–45 wirkte Aalto am M.I.T. in Cambridge, Mass., und befaßte sich nach seiner Rückkehr vor allem mit urbanistischen Aufgaben. In Deutschland gewann er 1959 u. a. den Wettbewerb um den Opernneubau in Essen; 1959–62 konzipierte er das Kulturzentrum in Wolfsburg. Zugleich entwickelte er eine Reihe von Sitzmöbeln aus Naturholz von hoher technischer Qualität, denen 1973 auch eine von → *Knoll International* organisierte Ausstellung gewidmet war.

Aicher, Otl * 1922 Deutscher Graphic Designer. Studierte 1946–47 an der Kunstakademie München. Ab 1949 zusammen mit Max → Bill vorbereitende Arbeit für die geplante Hochschule für Gestaltung in Ulm, wo er, nach deren Realisierung, ab 1955 den Fachbereich *Visuelle Kommunikation* übernahm. Daneben zahlreiche andere grafische Gestaltungsaufträge, z.B. 1972 das komplette visuelle Kommunikationssystem der XX. Olympiade in München. Die hier verwirklichte grafische Übersetzung komplexer Informationsgruppen in eine prägnante Zeichensprache ist ein gutes Beispiel für Aichers Arbeit.

191

Arp, Hans (Jean] 1887–1966   Deutsch-französischer Maler, Bildhauer und Dichter, Mitschöpfer u. a. von *Dada*. Besonders als Bildhauer entwickelte Arp eine völlig eigene Formenwelt. Seine abstrakten, organisch fließenden Rundungen mischten sich mit surrealen Elementen und enthielten – ähnlich wie die Werke von → Calder, → Pevsner oder → Picasso – bereits früh zahlreiche Anregungen für die generelle Formensprache der 50er Jahre.

Auböck, Carl * 1924   Österreichischer Architekt und Designer. Architekturstudium an der Technischen Universität Wien und am Massachusetts Institute of Technology. Realisierte Bauaufträge in Österreich und den USA, u a. das *Design Center Wien*. Außerdem zahlreiche Entwürfe für Industrieprodukte. Auböcks präzise Formsprache als Industrie-Designer ist fast immer einfach und sicher und oft von besonderer Eleganz. (Abb. 95)

Avedon, Richard * 1923   Amerikanischer Fotograf. Avedon, der schon als Kind zu fotografieren begonnen hatte, wurde 1942 Fotoassistent der US-Handelsmarine und arbeitete ab 1945 zwanzig Jahre lang als Fotograf für *Harper's Bazaar*, *LIFE* und *Theatre Arts* in New York, ab 1965 auch für *Vogue*. Avedons Fotografie wurde in vielen Ausstellungen als beispielhaft für eine dynamische und bewegte Mode- und Porträtfotografie gezeigt und gewürdigt.

Bachem, Bele * 1916   Deutsche Malerin und Zeichnerin. Studierte während der 30er Jahre an der Kunstakademie in Berlin und trat nach dem Krieg besonders mit angewandten Arbeiten hervor. In surrealistischer bzw. naiv-koketter Manier schuf sie neben Porzellanmalereien zahlreiche Buchillustrationen, Bühnenbilder und Plakate. Besonders in ihren Gemälden und eigenen Publikationen finden sich – an Künstler wie Dix oder Chagall erinnernde – symbolhafte Bildwelten von eigentümlicher Skurrilität. »Es gehört die Verwegenheit eines Naiven dazu, das Malen zu wagen.« (Bachem) (Abb. 93)

Baldessari, Luciano 1896–1982   Italienischer Architekt und Bühnenbildner. Arbeitete 1922–27 im Berliner Büro von Peter Behrens und hatte Kontakt zu Piscator und Reinhardt. 1927–39 aktive Beteiligung am italienischen *Movimento Razionalista*. 1940–47 als Maler und Szenograph in New York, ab1948 als Architekt in Italien tätig. Baldessari erstrebt die Integration aller Künste in einen dynamischskulptural konzipierten Baukörper. Kennzeichnend für seine Auffassung sind die fließenden, raumdurchlaufenden und -umschließenden Betonschleifen, in denen sich z. B. auch seine frühere Beschäftigung mit der Eurythmie wiederfindet. Baldessari fand besondere Beachtung durch seine Pavillonbauten und architektonischen Ausstellungsinszenierungen. (Abb. 13, 75, 76)

Balenciaga, Christobal * 1895 Spanisch-französischer Modeschöpfer. Nach einem Volontariat im Pariser Modehaus *Magazin du Louvre* eröffnete Balenciaga 1915 ein eigenes Modegeschäft und 1937 sein eigentliches Atelier. Sein strenger Stil verband raffinierte Einfachheit mit oft zeitlos-klassischen Formen und reduzierte die modische weibliche Silhouette auf eine durchgehende Linie. Seine Modelle, die 30 Jahre lang die internationale Mode beeinflußten, waren durch Harmonie und Gleichgewicht gekennzeichnet. »Je exzentrischer wir sind, desto mehr Sinn für das Maß müssen wir haben.« (Balenciaga)

Balmain, Pierre * 1914 Französischer Modeschöpfer. Begann seine Karriere 1945 mit einem eigenen Atelier, nachdem er während des Krieges bei Molyneux und Lucien Lelong gearbeitet hatte. 1951 folgte eine Filiale in New York, 1954 eine weitere in Caracas. Balmain wurde neben → Dior und → Balenciaga zu einem der führenden Modeschneider, die während der 50er Jahre von Paris aus die elegante Damenmode in der ganzen westlichen Welt bestimmten.

Bardot, Brigitte * 1934 Französische Filmschauspielerin. Nachdem sie 1952 in erster Ehe den Regisseur Roger Vadim geheiratet hatte, wurde sie durch seine Filme zu einem der international populärsten und darüber hinaus typenbildenden Stars, als ein Idol junger Mädchen während der 50er und frühen 60er Jahre. Ihre bekanntesten Filme während dieser Zeit waren *Das Gänseblümchen wird entblättert* und *Und Ewig lockt das Weib*. (Abb. 23)

Bass, Saul * 1920 Amerikanischer Graphic Designer. Als bedeutendste Leistung des in Kalifornien arbeitenden Saul Bass gilt seine Übersetzung grafischer Elemente in die Sprache des Films. Ausgehend von der Gestaltung herkömmlicher Titelvorspanne entwickelte er parallel zum eigentlichen Film – neben Plakaten und Signets – in sich geschlossene Sequenzen; darunter *Der Mann mit dem goldenen Arm*, *In 80 Tagen um die Welt* und *West Side Story*. Bass arbeitete dabei oft mit dem Regisseur Otto Preminger zusammen. Er schuf außerdem eine Reihe bekannter Firmenzeichen. (Abb. 44)

Bauhaus 1919 von Walter → Gropius in Weimar gegründete Staatliche Schule für Architektur, Bildende Kunst und Kunsthandwerk. Ziel war die Verschmelzung von Kunst und Handwerk innerhalb einer industriell produzierenden Welt. Die künstlerischen Prinzipien waren in ihrer Klarheit und Sachlichkeit gegen den Historizismus gerichtet und verfolgten eine alle sozialen Bereiche durchdringende Lebensgestaltung. 1925 übersiedelte das Bauhaus nach Dessau, später nach Berlin, wo es 1933 von den Nationalsozialisten geschlossen wurde. 1937 eröffnete Moholy-Nagy in Chicago das *New Bauhaus.*
Die Ideen der Bauhaus-Künstler, die wiederum mit der geistig verwandten holländischen *Stijl*-Bewegung in Verbindung standen, waren auf die gesamte Entwicklung der angewandten Kunst von nicht abzuschätzendem Einfluß. Sie reformierten viele Bereiche, von der Architektur über alle Arten des Kunsthandwerks und der Werbegrafik bis hin zum Bühnenbild. Die Analyse der Gestaltform, aber auch der gesellschaftlichen Strukturen, machten das Bauhaus zum Modell fast aller späterer Kunstschulen, selbst der modernen Akademien. Für das Industrie-Design der Nachkriegszeit schuf das Bauhaus entscheidende Voraussetzungen. Einen Versuch der Weiterführung des Bauhaus-Gedankens stellte die in den 50er Jahren unter der Leitung von Max → Bill gegründete Hochschule für Gestaltung in Ulm dar.

Beckett, Samuel 1906–1989 Hauptsächlich in französischer Sprache schreibender irischer Dichter. Arbeitete zuerst als Sekretär von James Joyce, dessen Freund er auch war und dessen Bücher er ins Französische übersetzte. Becketts Romane und Bühnenstücke kennzeichnet der innere Monolog des als Individuum aufgehobenen Menschen, der sein Ich verloren hat und der existentiellen Sinnlosigkeit, dem Nihilismus und dem lebendigen Tod anheimgefallen ist. Zu seinen bekanntesten Werken zählen *Warten auf Godot*, 1953, *Das letzte Band*, 1959, und *Happy Days*, 1961.

Bertoia, Harry 1915–1978 Amerikanischer Designer und Bildhauer. Seine Sitzmöbel aus verschweißten Eisenstäben, die er 1952 für die New Yorker Firma → *Knoll International* entwarf, sind aus der Metallskulptur entwickelt, die Bertoias ursprünglicher Arbeitsbereich war. Charakteristisch für ihn ist die elegante Formung rigiden Industriematerials zu schwebend leichten Schalenkonstruktionen. Sie gehören auch zur Design Collection des Museum of Modern Art in New York. »Meine Haltung gegenüber der Konzeption von Objekten ist, durch die Verbindung von technischer und künstlerischer Anstrengung die Umwelt angenehmer und abwechslungsreicher zu machen.« (Bertoia) (Abb. 116)

Bill, Max * 1908 Schweizer Maler, Bildhauer und Architekt. Studierte zuerst an der Kunstgewerbeschule in Zürich, danach von 1927–29 am → Bauhaus. Ab 1940 arbeitete Bill als Architekt, Maler, Bildhauer, Industrieformer und Grafiker in Basel, wo er 1944 auch die Ausstellung *Konkrete Kunst* organisierte, eine konstruktivistische Richtung, der sein besonderes Interesse gilt. Nach Lehraufträgen in Zürich und Darmstadt wurde er erster Rektor der 1950 eröffneten Hochschule für Gestaltung in Ulm, wo er sich für eine zeitgemäße Wiederaufnahme des Bauhaus-Gedankens einsetzte; 1967 übernahm Bill eine Professur an der Hamburger Hochschule für Bildende Künste. Neben Bills theoretischem Werk und seinem Schaffen für die Industrie steht vor allem seine bildhauerische Arbeit.

Boulez, Pierre * 1925 Französischer Komponist und Dirigent. Nach zunächst von Messiaen beeinflußten Arbeiten um 1950 serielle Kompositionen, die später einer flexibleren Gestaltung Platz machten. Boulez war – wie z.B. → Stockhausen – für die Entwicklung der *Neuen Musik* besonders während der 50er Jahre von entscheidender Bedeutung.

Brando, Marlon * 1924 Amerikanischer Filmschauspieler. Brando, der vorzugsweise äußerlich harte, jedoch psychisch sensible Männertypen verkörperte, gewann in den 50er Jahren internationales Ansehen als jugendlicher Charakterdarsteller. Zu seinen bekanntesten Filmen während jener Zeit zählen *Endstation Sehnsucht, Julius Cäsar* und *Die Faust im Nacken.* (Abb. 26)

Brandt, Bill * 1904 Englischer Fotograf. Verbrachte seine Kindheit und Schulzeit in Deutschland. 1929–31 Mitarbeiter von Man Ray in Paris. Ab 1931 in England als Fotograf, der vor allem dokumentarische und sozial engagierte Themen verfolgte. 1950–60 entstand seine Serie *Perspective of Nudes* neben zahlreichen Porträts von Künstlern und Schriftstellern. Als einer der bedeutendsten Fotografen der Nachkriegszeit wurde Brandt besonders vom New Yorker Museum of Modern Art und vom britischen Arts Council gefördert. (Abb. 45, 46)

Braun AG Ab 1955 entwickelte die auf Phono- und Elektrogeräte spezialisierte deutsche Firma Braun unter Leitung von →Eichler eine Produktform, die zum international renommierten Beispiel für gutes Industriedesign wurde. Das Programm erhielt seine unverwechselbar sachlich-elegante Erscheinung durch die Industrieformer → Gugelot, → Aicher, → Hirche und → Rams und spiegelt in der Konzeption zugleich deutlich die Maximen der Ulmer Hochschule für Gestaltung wieder. (Abb. 83, 133–135)

Buffet, Bernard * 1928 Französischer Maler. Ursprünglich Mitglied der anti-abstrakten Künstlergruppe *L'Homme Témoin* in Paris, gelangte er im Verlauf der 50er Jahre zu internationalem Erfolg. Sein manieristischer Stil – grafische Gerüste aus sperrigen schwarzen Linien – mit seinen ständig wiederkehrenden Themen – besonders Elendsbilder von Großstadtmenschen – endete jedoch bald in routinierten und sentimentalen Klischees. (Abb. 58)

Calder, Alexander 1898–1976 Amerikanischer Bildhauer. Seinen ersten großen Erfolg erlebte Calder im Paris der 30er Jahre mit mechanisch bewegten Drahtfiguren und »Mobiles«: organisch geformte Metallscheiben, die an Drahtbügeln balancieren und durch Luftzug in Bewegung geraten. Während er mit an → Arp erinnernden Formen und auch bei Miró zu findenden Farben arbeitete, nahm er der Skulptur ihre Statik und ließ sie auf die Veränderungen des sie umgebenden (Luft-)Raums reagieren.

Carboni, Erberto * 1899 Italienischer Architekt und Grafiker. Entwarf nach Abschluß seines Architekturstudiums ab 1922 Innenausstattungen und grafische Arbeiten für Werbezwecke sowie Buchillustrationen. Ab 1934 widmete sich Carboni in Mailand ausschließlich der Ausstellungsarchitektur und Werbegrafik für die italienische Industrie, u. a. *Montecatini*, *Agip*, *Campari*, *Bertolli*, *Motta*; außerdem für die *Radiotelevisione Italiana.* Carboni, dessen Schaffen mit mehreren Preisen ausgezeichnet und verschiedentlich in Buchform veröffentlicht wurde (u. a. *Exhibitions and Displays*, Mailand 1959), war international beispielgebend besonders für den Bereich des Pavillon- und Messebaus. (Abb. 10–12, 53 sowie Vignetten im Text)

Cartier-Bresson, Henri 1908–1987 Französischer Fotograf. Ursprünglich an Malerei interessiert, begann er um 1930 zu fotografieren und sich filmisch zu betätigen. 1947 gründete Cartier-Bresson mit Robert Capa die Gruppe *Magnum,* die vor allem dokumentarisch und journalistisch tätig war. Cartier-Bresson gilt als einer der einflußreichsten Vertreter der objektiven, dabei formal anspruchsvollen fotografischen Beschreibung alltäglicher Wirklichkeit.

Castiglioni, Gebrüder Achille und Pier Giacomo * 1918 (Achille) und * 1913 (Pier Giacomo) Italienische Architekten und Designer. Beide studierten am Mailänder Polytechnikum und arbeiteten anschließend eng zusammen bei der Realisierung von Industrieaufträgen. Von den Castiglioni-Brüdern stammen u. a. das als Design-Klassiker geltende *Phonola*-Radiomodell von 1944 und eine Reihe bekannter Produktentwürfe, die z. T. mit dem → *Compasso d'oro* ausgezeichnet wurden; darunter Lampen, Stühle, Espressomaschinen usw. Ihre Arbeiten für die Hersteller → *Knoll International*, *Kartell*, *Zanotta* u. a. waren von großem Einfluß auf das italienische, aber auch internationale Industriedesign.

Chargesheimer (eigentl. Karl Hargesheimer) 1924–1972 Deutscher Fotograf, Bühnenbildner, Regisseur und kinetischer Plastiker. Chargesheimers Werk ist weder einer bestimmten Kategorie noch einem festen Stil zuzuordnen, wenngleich er besonders durch seine Fotos bekannt geworden ist. In ihnen zeigt sich u. a. deutlich das experimentelle kreative Suchen, das für die Nachkriegsjahre typisch war, aber auch die unverwechselbare optische Dynamik dieser Zeit. Am deutlichsten realisierte Chargesheimer seine Vorstellungen in Porträts und abstrakten »Bildern ohne Kamera«. (Abb. 2)

Compasso d'oro (Goldener Kompass) 1954 von den *Rinascente*-Kaufhäusern in Mailand geschaffene Auszeichnung für bedeutende Leistungen der industriellen Produktgestaltung. Der *Compasso d'oro* wurde zum begehrtesten Preis seiner Art und diente sowohl der öffentlichen Qualifizierung bestimmter Produkte wie als gestalterischer Ansporn für das italienische Design. Ab 1959 entschied eine internationale Jury über die Vergabe des Preises; seit 1967 hat der italienische Verband der Industriedesigner – A.D.I. – die Organisation der *Compasso d'oro*-Vergabe und die Wahl der sieben internationalen Juroren übernommen.

Danese 1957 von Bruno Danese gegründete italienische Hersteller- und Distributionsfirma von Designobjekten für den Wohnbereich (Vasen, Lampen, Schalen, Spiele usw.). Die vor allem von den Designern Enzo → Mari, Bruno → Munari und Angelo Mangiarotti entworfenen Gegenstände sind formal ebenso einfach wie einfallsreich und stets von erstklassiger technischer Herstellung. Mehrere Objekte der *Collection Danese* befinden sich im New Yorker Museum of Modern Art.

Dean, James 1931–1955 Amerikanischer Schauspieler. Nach mehreren Bühnenrollen gelangte er innerhalb kürzester Zeit und unmittelbar vor seinem Unfalltod durch drei Filme zu Weltruhm:

Jenseits von Eden, *Denn sie wissen nicht, was sie tun* und *Giganten*. Dean verkörperte den an der seelischen Verhärtung und Korruption der Erwachsenenwelt scheiternden, unverstandenen Jugendlichen. Mit ihm identifizierten sich Millionen junger Menschen, die ihn – auch über seinen Tod hinaus – zu ihrem Idol erhoben (Abb. 25)

Dior, Christian 1905–1957 Französischer Modeschöpfer. Nach dem Studium der Politischen Wissenschaften Leitung einer Kunstgalerie in Paris. Ab 1935 begann Dior mit Modeentwürfen und gründete 1946 einen eigenen Salon. Mit der Kreation des *New Look* gelangte er als bedeutender französischer Modeschöpfer zu allgemeiner Anerkennung. In Zusammenarbeit mit dem Textilindustriellen Boussac baute er sein Atelier zu einem internationalen Firmennetz aus. 1952 veröffentlichte Dior das Buch *Ich mache Mode*. Nach seinem Tod übernahm Yves Saint-Laurent 1958 das Unternehmen. (Abb. 35, 36, 39, 40)

Domela, César * 1900 Holländischer Maler und Bildhauer. Nach seiner ursprünglich engen Bindung an die *Stijl*-Bewegung befreite er sich in den 40er Jahren zunehmend vom strengen Stil des *Neoplastizismus* und entwickelte in Materialbildern eine unverwechselbare, dynamisch-bewegte Formsprache. Domelas Objekte antizipieren deutlich das veränderte Formempfinden, das in den 50er Jahren allgemein sichtbar wurde. (Abb. 52)

Eames, Charles 1907–1978 Amerikanischer Architekt und Designer. Nach seinem Studium an der Washington University, der Cranbrook Academy of Art und praktischen Arbeiten – u. a. in Saint Louis und Mexiko – ab 1937 Zusammenarbeit mit dem Architekten Eero → Saarinen. 1946 zeigte er als erster Möbelentwerfer seine Arbeiten in einer Einzelausstellung des Museum of Modern Art, in dessen Design Collection sich auch mehrere Stücke von ihm befinden. Ab 1947 Entwürfe für die amerikanische Möbelfirma Hermann → Miller, nachdem er umfassende technische Experimente mit Holz- und Metallkonstruktionen gemacht hatte. Eames' Sitzmöbel zählen heute zu den Klassikern dieses Design-Bereichs und sind international kopiert worden. 1970 erhielt Eames einen Lehrauftrag an der Havard-Universität. (Abb. 107, 119, 121)

Eichler, Fritz ＊ 1911 Deutscher Designer. Studierte 1931–35 Kunstgeschichte in München und Berlin. 1945–63 Arbeit als Bühnenausstatter in Frankfurt und München. Eichler übernahm ab 1954 Designaufgaben der Firma → *Braun*, deren international einflußreiches Produkt-Design er – auch als Mitglied der Geschäftsleitung – entscheidend mitbestimmte.

Fath, Jacques 1912–1954 Französischer Modeschöpfer. Sein Pariser Modehaus, das vor allem in der Nachkriegszeit sehr erfolgreich war, hatte Fath bereits 1937 gegründet. Faths Modelle galten als Inbegriff damenhafter Eleganz. Zugleich jedoch war er der erste, der eine Kollektion für einen Konfektionär – 1948 für den Amerikaner J. Halpert – entwarf.

Fleckhaus, Willy 1926–1983 Deutscher Grafiker und Fotograf. Fleckhaus war zehn Jahre lang künstlerischer Leiter der ehemaligen Zeitschrift *Twen,* die durch ihn maßgeblichen internationalen Einfluß auf Konzeption und Layout illustrierter Zeitschriften gewann. Außerdem arbeitete Fleckhaus für eine Reihe von Firmen, darunter für die Verlage *Insel* und *Suhrkamp.* Als einer der bedeutendsten deutschen Grafiker, dessen Arbeiten vielfach ausgezeichnet wurden, wirkte er auch als Dozent der Folkwangschule in Essen.

Gabo, Naum (eigentl. Naum Neemia Pevsner) 1890–1977 Russisch-amerikanischer Plastiker, Bruder Antoine → Pevsners. Nachdem Gabo in München und Paris die zeitgenössischen künstlerischen Bewegungen kennengelernt hatte, entstanden seine ersten Reliefkonstruktionen in Rußland, wo er zur Avantgarde der Revolutionszeit zählte. 1922 verließ er Rußland und gelangte nach längeren Aufenthalten in Berlin, Paris und London 1946 nach Amerika. Seine kinetischen Konstruktionen versuchten, die massive Kernskulptur aufzulösen und mittels Plexiglas und Nylonschnüren Licht und Bewegung auszudrücken.

Gréco, Juliette ＊ 1927 Französische Chansonette und Schauspielerin. Nachdem sie 1945 als Schauspielerin debütiert hatte, wurde sie in der Nachkriegszeit zum Star der Existentialistenkreise des

Pariser Quartier Latin. Die Texte zu ihren Liedern stammen u. a. von Sartre, Camus und Queneau. Juliette Gréco verlieh einem zeittypischen Lebensgefühl Ausdruck, das als ursprünglich intellektuell-philosophische Betrachtung der menschlichen Existenz zunehmend Eingang auch in andere kulturelle Bereiche fand. (Abb. 21)

Gropius, Walter 1883–1967 Deutscher Architekt, Theoretiker und Entwerfer. Nach seinen für die Glas-Beton-Bauweise beispielgebenden Bauten – z. B. die Fagus-Werke von 1910–11 – wurde er 1918 nach Weimar berufen, wo er das Staatliche → Bauhaus gründete. Nach der Schließung dieser für die formale Entwicklung des gesamten modernen Lebens wichtigen Schule, 1933, ging Gropius nach London und 1938 nach Amerika, wo er als Dozent an der Harvard-Universität wirkte. Er zählt neben Frank Lloyd → Wright und → Le Corbusier zu den maßgeblichen Architekten dieses Jahrhunderts.

Gruau (eigentl. Renato Zavagli) * 1910(?) Französischer Maler, Zeichner und Illustrator italienischer Herkunft. Begann um 1940 mit der professionellen Gestaltung von Kostümen und Theaterdekors sowie dem Entwurf für Musikfilm-Ausstattungen. Gruau, der mit → Dior befreundet war, machte lange Zeit Werbeillustrationen im Auftrag von Diors Förderer, dem Textilindustriellen Boussac, aber auch für Firmen wie *Le Rouge Baiser* oder *Crescendo Gloves*. Als freier Illustrator schuf er zahlreiche Arbeiten besonders für Modezeitschriften wie *Vogue*, *Harpers Bazaar* und das Fachblatt *International Textiles*; außerdem Plakate für Pariser Revuen – u. a. *Casino de Paris*, *Folies Bergères* und *Lido*. Gruau, dessen Technik fernöstlichen Pinselzeichnungen gleicht, gilt als unübertroffener und oft kopierter Meister der knappen, sicheren und eleganten Illustration. (Abb. Umschlag, 43)

Gugelot, Hans 1920–1965 Deutscher Designer und Architekt. Studierte an der Technischen Hochschule Zürich. 1955–65 einflußreiches Mitglied des Lehrkörpers der Hochschule für Gestaltung, Ulm. Parallel zu seiner Ulmer Tätigkeit verschiedene Design-Konzepte. Besonders das → *Braun*-Programm (1954) wurde von Gugelot – neben → Eichler und → Rams – maßgeblich geformt. Außerdem u. a. Arbeiten für *Bofinger*-Elementmöbel, *Kodak*, *Bayer*. Gugelots Name ist eng verbunden mit der Idee des funktionalistischen, auf den Gebrauch des Produkts konzentrierten Designs, zu dessen international bedeutendsten Anregern er seit den 50er Jahren zählt. Von ihm entworfene Geräte befinden sich in vielen Design-Sammlungen. (Abb. 83, 133)

Halsman, Philippe 1906–1979 Amerikanischer Fotograf. Nach einem Studium der Elektronik in Dresden und freier Mitarbeit beim Berliner Ullstein-Verlag 1931 Eröffnung eines Studios für Porträt- und Modefotografie in Paris. 1941 Auswanderung nach USA und seitdem freier Fotograf in New York. Zu den bekanntesten Arbeiten Halsmans, dessen hauptsächlichste Arbeitsgebiete Bildstories, Werbung und Porträts sind, gehören seine – 103(!) – Titelbilder für die ehemalige Zeitschrift LIFE und sein Buch *Jumping People*, das 178 Persönlichkeiten springend porträtiert. Halsmans Werk wurde vielfach gewürdigt und ausgestellt (Abb. 19)

Hirche, Herbert * 1910 Deutscher Designer und Architekt. 1930–33 Studium am → Bauhaus; 1934–38 Mitarbeiter von Mies van der Rohe; 1940–45 Zusammenarbeit mit Egon Eiermann. Ab 1948 Lehrtätigkeit, zuerst in Berlin, danach in Stuttgart. 1960 wurde Hirche Präsident des Verbandes der Industrie-Designer und übernahm 1969 die Leitung der Kunstakademie Stuttgart. Zu seinen wichtigsten Realisationen zählen Fernsehgeräte, Büromöbel und innenarchitektonische Arbeiten.

Ionesco, Eugène *1909 Französischer Dramatiker rumänischer Herkunft. Nach lyrischen Arbeiten verfaßte er zuerst das 1950 uraufgeführte Bühnenstück *Die kahle Sängerin*. Dieses, wie auch die folgenden Stücke – *Die Unterrichtsstunde* und *Die Stühle*, beide 1954 – galt als radikales »Antitheater« und war zunächst kein Erfolg. Erst in den 60er Jahren gelangte Ionesco in den Ruf eines Hauptvertreters des international aufgeführten »absurden Theaters«, das »den provozierenden und bewußt schockierenden Bürgerschreck des Antidramas« mit der Absicht zu verbinden sucht, »die philisterhafte Selbstgenügsamkeit des gedanken- und seelenlosen bürgerlichen Lebens durch Karikatur aufzudecken«. (Gero von Wilpert)

Jacobsen, Arne 1902–1971 Dänischer Architekt und Designer. Studierte bis 1927 an der Königlichen Akademie der Künste in Kopenhagen und arbeitete anschließend aktiv als Architekt. 1943–45

Aufenthalt in Schweden, danach wieder in Dänemark, wo er zahlreiche Bauten realisierte; daneben mehrere Auslandsaufträge. Jacobsen, der viele internationale Architekturwettbewerbe gewann, zählte zu den führenden Baumeistern seiner Zeit und verfolgte die Ausführung seiner Projekte bis ins Detail; das SAS-Hotel in Kopenhagen z. B. wurde nach Jacobsens Plänen bis hin zu Türklinken und Aschenbechern gestaltet. Jacobsen gilt als Funktionalist mit puristischer Disziplin und wird – als Designer – oft mit amerikanischen Architekten verglichen, z.B. mit Charles → Eames. (Abb. 114)

Kiesler, Frederick 1890–1965 Österreichisch-amerikanischer Architekt. Nachdem seine Konzeption eines »Raumtheaters« auch in den USA bekannt geworden war, ging er 1926 von Wien nach New York. Dort baute er u. a. Peggy Guggenheims Galerie *Art of this Century*, 1942. 1947 realisierte er für die Internationale Surrealisten-Ausstellung der Galerie Maeght in Paris (mit Duchamp, Ernst, Miró u.a.) den »Saal des Aberglaubens«. In Zusammenarbeit mit Armand Bartos entstand ab 1959 der »Schrein des Buches«, die kultische Aufbewahrungsstätte für die Schriftrollen vom Toten Meer in Jerusalem. Kieslers Architektur richtete sich zeitlebens gegen die »Hygiene des Funktionalismus und deren Mystifizierung«. Sein Streben nach plastisch-bewegtem, organisch-flexiblem Raum fand in seinem Entwurf des *Endlosen Hauses* ihren Höhepunkt. »Meine Definition der Architektur ist einfach: Architektur ist die Kunst, das Überflüssige notwendig, Bauen die Kunst, das Notwendige überflüssig zu machen.« (Kiesler)

Klein, Yves 1928–1962 Französischer Künstler. Als Gründungsmitglied des französischen *Nouveau Réalisme* propagierte er in Objekten und Aktionen die mediale Befreiung und mentale Entgrenzung des Kunstwerks. Berühmtheit erlangte er vor allem mit seinen monochromen – meist blauen – Farbflächen und Abdrücken von eingefärbten Frauenkörpern. Klein war eine zentrale und inspirierende Künstlerfigur der Zeit um 1960 und hatte besonders auf die Vertreter der *Zero*-Bewegung großen Einfluß. (Abb. 59)

Knoll Associates/Knoll International 1938 von Hans G. Knoll gegründete amerikanische Möbelfirma. Hans Knoll, aus einer deutschen Möbelfabrikantenfamilie stammend, arbeitete ab 1943 mit der Architektin Florence Shust zusammen, seiner späteren Frau, die nach seinem Unfalltod 1955 das Geschäft übernahm und weiter ausbaute. Über ein weites Netz von Verkaufsstellen wurde das Knoll-Programm als *Knoll International* zum Inbegriff modernen Wohnens. Die für Knoll tätigen Designer zählen zu den modernen Klassikern ihres Fachs, u. a. → Saarinen, → Eames und → Bertoia. (Abb. 100, 116–118)

Knoll, Collection Walther Von Walther C. Knoll 1919 gegründete deutsche Möbelfirma, deren serienmäßig produziertes Programm den → Bauhaus-Ideen nahestand. Nach dem 2. Weltkrieg wurde die Fabrik ausgebaut und führte mit Hilfe des Knoll-Sohnes Robert Ende der 40er Jahre auch das Programm des anderen, nach USA ausgewanderten Sohnes Hans Knoll auf dem deutschen Markt ein (→ *Knoll Associates*). Die technisch-handwerklich sorgfältigen Möbel der Collection Walther Knoll während der 50er Jahre sind ein typisches Beispiel für den zeitgenössischen Geschmack.

Kricke, Norbert 1922–1984 Deutscher Bildhauer. Ursprünglich von Hans → Uhlmann beeinflußt, entwickelte er gegen Mitte der 50er Jahre einen für ihn typischen Stil, indem Metallstäbe in Bündeln oder Knäueln in den Raum greifen bzw. ihn umschließen und durchstoßen.

Le Corbusier (eigentl. Charles-Edouard Jeanneret) 1887 bis 1965 Schweizerisch-französischer Architekt und Maler. Le Corbusier gilt als einer der bedeutendsten Architekten des 20. Jahrhunderts. Die von ihm entwickelten neuen Formen des Stahlbetonbaus entsprachen der kubischen Klarheit seiner Entwürfe. Schon früh befaßte er sich mit urbanistischen Projekten. 1920 gründete er – zusammen mit Ozenfant – die Zeitschrift *L'Esprit Nouveau*. Ebenfalls aus den 20er Jahren stammen Le Corbusiers Möbelentwürfe, die z. T. noch heute in Produktion sind. Seine bis in die 40er Jahre deutlich rational geprägte Architektur gewann später voluminöse skulpturale Züge. (Abb. 32, 68)

Löffelhardt, Heinrich * 1901 Deutscher Designer. Nach einer Ausbildung als Silberschmied Studium der Bildhauerei bei Georg Kolbe in Berlin. Arbeitete nach 1937 mit Wilhelm → Wagenfeld für die *Jenaer Glaswerk Schott & Gen.* Löffelhardt spezialisierte sich auf den Entwurf von Glas- und Keramikprodukten und leitete nacheinander die Design-Büros verschiedener Firmen. Seine sehr einheitlichen, klaren Formlösungen wurden mit einer Reihe wichtiger internationaler Preise honoriert. (Abb. 81)

Mari, Enzo * 1932   Italienischer Designer und Theoretiker. Studierte an der Brera-Akademie in Mailand. Ab 1952 veröffentlichte er seine theoretischen Untersuchungen, u. a. über die psychologischen Aspekte der Serienfabrikation. 1956 begann seine Entwurfstätigkeit für die Mailänder Firma → Danese (u. a. Metall-, Marmor- und Kunststoffobjekte praktisch-dekorativen Charakters). Maris Arbeiten pendeln beständig zwischen kunst- und designorientierten Lösungen von exakter, aber spielerischer Eleganz. Mari ist in verschiedenen Sammlungen, darunter in der Design Collection des Museum of Modern Art in New York, vertreten.

Mathieu, Georges * 1921   Französicher Maler. Mathieu gilt als besonders typischer Vertreter des *Tachismus*, einer non-figurativen, psychisch improvisierenden Malweise. Er wurde bekannt durch seine theatralischen Auftritte, bei denen er u. a. die Farben in großen Gesten aus der Tube direkt auf die Leinwand spritzte bzw. den besonderen Status des Künstlers in pathetischer Weise demonstrierte. (Abb. 57)

Miller Collection   1931 von Herman Miller gegründete amerikanische Möbelfirma. Das umfassende Programm konzentrierte sich bereits während der 30er Jahre besonders auf den Bürobereich. Dies führte zu räumlich wie ökonomisch exakt durchgearbeiteten Entwürfen, die durch hervorragende Designer wie Charles → Eames u. a. zum internationalen Modell für funktionales Design und technische Qualität wurden. (Abb. 85, 119, 121)

Mollino, Carlo   1905–1973   Italienischer Architekt, Entwerfer und Theoretiker. Begann seine eigene Bautätigkeit unmittelbar nach der Promotion, 1931, in Turin. Von Anfang an entwickelte und verfocht er die Idee einer organisch dynamisierten Architektur, die sich den Forderungen des italienischen *Razionalismo* entgegenstellte. Nach dem Krieg verwirklichte Mollino seine Auffassungen in einer Reihe extrem plastisch und aerodynamisch geprägter Bauten, u. a. in Turin, Val d'Aosta, San Remo und Varese, die als »Neobarocca« (Gillo Dorfles, 1951) heftig diskutiert wurden. Mollino übertrug seine architektonischen Prinzipien auch auf

204

das Gebiet des Design. Als Dozent am Polytechnikum von Turin beeinflußte er zahlreiche junge Entwerfer im Sinne seiner betont individualistischen, bisweilen zur Exzentrik neigenden Auffassung. Mollino verkörperte eine der originellsten Entwerferpersönlichkeiten Italiens. (Abb. 113, 122)

Monroe, Marilyn (eigentl. Norma Jean Mortenson, resp. Baker) 1926–1962   Amerikanische Filmschauspielerin. Nachdem sie als Modell für Pin-up-Fotos gearbeitet hatte, wurde sie in den 50er Jahren zum kurvenreichen, blonden Sex-Idol zahlreicher Filme; u. a. *Blondinen bevorzugt, Wie angelt man sich einen Millionär, Manche mögen's heiß.* Marilyn Monroes Persönlichkeit, aber eigentlich auch ihre schauspielerischen und gesanglichen Fähigkeiten wurden erst spät erkannt. Ihr vergeblicher, mit ihrem Selbstmord endender Versuch, über das Klischee der dümmlichen Sexbombe hinauszuwachsen, wurde später besonders von der feministischen Bewegung als Beispiel für die Objektfunktion der Frau angeführt. (Abb. 22)

Moore, Henry 1898–1986   Englischer Bildhauer und Zeichner. Nach Jahren als freier Künstler und Dozent in London gelangte Moore ab Mitte der 40er Jahre zu großer internationaler und offizieller Anerkennung als Bildhauer. Formal – mit der Aushöhlung des Volumens – wie inhaltlich – mit der liegenden Figur – hatte Moore schon früh seine künstlerische Ausdrucksweise gefunden, die anfangs besonders von Brancusi, Archipenko und → Picasso beeinflußt war. Die zahlreichen öffentlichen Aufträge, oft in Verbindung mit Großbauten, z. B. der UNESCO, machten Moore in den 50er Jahren zu einem populären Vertreter der modernen Kunst, der auf die Ausbildung an den Akademien und selbst auf das moderne Kunstgewerbe von starkem Einfluß war. (Abb. 69)

Müller-Brockmann, Josef * 1914   Schweizer Graphic Designer. Machte sich 1936 als Grafiker selbständig und konzipierte von 1939–57 auch eine Reihe internationaler Ausstellungseinrichtungen. 1957–60 wirkte er als Dozent an der Kunstgewerbeschule in Zürich. Müller-Brockmanns Werk hat das Gesicht der modernen Schweizer Grafik – die wiederum international richtungsweisend war – entschieden geprägt. Besonders die Plakatgestaltung verdankt ihm wesentliche Impulse.

Munari, Bruno * 1907   Italienischer Designer und Künstler. Ab 1948 aktiv an der Bewegung der Konkreten Kunst beteiligt (u. a. mit Dorfles und Colombo). Ab 1957 arbeitete er auch für die Collection → Danese in Mailand, für die er eine Anzahl Objekte entwarf,

z. B. Lampen, Aschenbecher, Kinderspiele usw., die – ähnlich wie die Arbeiten von Enzo → Mari – stets durch eine Mischung spielerischer und technischer Überlegungen gekennzeichnet sind. Beispiele für Munaris Arbeiten befinden sich in der Design Collection des New Yorker Museum of Modern Art.

Nervi, Pier Luigi * 1891   Italienischer Ingenieur und Konstrukteur. Seine technisch ebenso unorthodoxen wie ästhetisch erfinderischen architektonischen Konstruktionen hatten vor allem auf die Entwicklung der Industrie-Architektur großen Einfluß. Nervis Flugzeug-Hangars in Orbetello von 1939–41 sind dafür ebenso Beispiele wie sein Beitrag zum UNESCO-Gebäude in Paris von 1954–58. Sie gelten als gelungene Verbindung von maximaler technischer Lösung einer gestellten Aufgabe mit innovativem architektonischem Ausdruck. (Abb. 66)

Neutra, Richard Joseph 1892–1970   Österreichisch-amerikanischer Architekt. Ließ sich – nach seinem Studium bei Otto Wagner sowie seiner Mitarbeit bei Erich Mendelsohn und bei Frank Lloyd → Wright – in Los Angeles nieder. Seine Wohnhaus-, Schul- und Siedlungsbauten haben die moderne Architektur sehr beeinflußt, indem Neutra die konstruktivistische Auffassung der europäischen 20er Jahre in den USA, vor allem in Kalifornien, zur Anwendung brachte und weiterführte.

Nizzoli, Marcello 1887–1969   Italienischer Designer, Architekt und Grafiker. Ursprünglich an den Aktivitäten der italienischen Futuristen beteiligt, waren seine ersten angewandten Arbeiten Entwürfe für die Seidenindustrie. 1931 Beginn der Zusammenarbeit mit der Büromaschinenfabrik → *Olivetti.* Zu den für die Entwicklung des internationalen Design eminent wichtigen Konzeptionen Nizzolis zählen u.a. die Schreibmaschinen *Lexikon* und *Lettera 22* sowie die Rechenmaschine *Audit 202.* Eine Reihe seiner Arbeiten wurde mit dem → *Compasso d'oro* und anderen Preisen ausgezeichnet; mehrere Beispiele befinden sich in der Design-Sammlung des Museum of Modern Art in New York. Nachfolger Nizzolis bei *Olivetti* wurde Ettore → Sottsass. (Abb. 67, 132)

Noguchi, Isamu * 1904   Japanisch-amerikanischer Bildhauer. Studierte u.a. bei Brancusi in Paris. Neben oft elegant abstrahierten, naturnahen Skulpturen entwarf Noguchi auch Gebrauchsobjekte, darunter einen Tisch für die → Miller Collection. Von ihm stammt auch der japanische Garten des UNESCO-Gebäudes in Paris. (Abb. 85)

Nono, Luigi * 1924   Italienischer Komponist. Nono wurde nach 1950 durch serielle Kompositionen bekannt und entwickelte danach einen individuellen, expressiven Gesangsstil. Seine Chorwerke beinhalten vor allem antifaschistische, sozialistische oder revolutionäre Ideen; z.B. *La victoire de Guernica* von 1954. Ähnlich wie → Boulez oder → Stockhausen war Nono für die Entwicklung der *Neuen Musik* der 50er Jahre von großer Bedeutung.

Olivetti   1908 von Camillo Olivetti gegründete Werkzeug- und Büromaschinenfabrik im italienischen Ivrea. Als erste Firma setzte *Olivetti* das – vor allem von → Nizzoli geprägte – Design ihrer Produkte als Argument der Marktstrategie ein und trug so zum ästhetisch-formalen Bewußtsein im Bereich moderner Industrieproduktion erheblich bei. Adriano Olivetti, der den mit wirtschaftlicher, aber auch mit sozialer und kultureller Zielsetzung ausgerichteten Betrieb von seinem Vater übernahm, wurde 1955 mit dem → *Compasso d'oro* für den Beitrag seiner Firma zur industriellen Formgebung ausgezeichnet. (Abb. 30, 67, 132)

Panton, Verner * 1926   Dänischer Architekt und Designer. War nach seinem Studium an der Kunstakademie Kopenhagen von 1950–52 Mitarbeiter von Arne → Jacobsen und eröffnete 1955 sein eigenes Büro. Seitdem zahlreiche Arbeiten in sehr verschiedenen Gebieten. Neben Objekt- und Möbelentwürfen – »Panton-Stuhl« aus Kunststoff – auch Inneneinrichtungen – z.B. 1969 die Verlagsbüros des SPIEGEL – und experimentelle Untersuchungen, deren unorthodoxer Charakter auf jüngere Designer einflußreich ist.

Pevsner, Antoine 1886–1962   Russisch-französischer Bildhauer, Bruder von Naum → Gabo. Ab 1922 entstanden erste Skulpturen, die mittels Linien und Flächen die innere Dynamik des Objektes ausdrücken sollten. Ab Mitte der 30er Jahre schuf er die für ihn typischen Raumplastiken, deren spiralenhafte Flächen sich aus vielen einzelnen Stäben zu einer räumlichen Bewegung verbinden.

photokina-Bilderschauen Seit 1950 zuerst als Bestandteil, dann parallel zur internationalen Kölner Fachmesse stattfindende Foto-Ausstellung. Ihre Bedeutung liegt im regelmäßigen öffentlichen Zusammenführen wichtiger Strömungen der zeitgenössischen Fotografie. Unter der organisatorischen und künstlerischen Leitung von L. Fritz Gruber gewannen die *photokina*-Bilderschauen seit 1950 weltweites Renommé als anspruchsvolles Forum des fotografischen Metiers.

Picasso, Pablo 1881–1973 Spanisch-französischer Maler, Bildhauer und Grafiker. Picasso hat die Geschichte der Kunst dieses Jahrhunderts entscheidend mitgeprägt, indem er an vielen wichtigen Entwicklungen aktiv und innovativ beteiligt war. Von der Entwicklung der verschiedenen Formen des Kubismus über eine neoklassizistische Phase und den Surrealismus reichte Picassos Beitrag bis zu einem eigenen, individuell-expressiven Symbolismus. Über mehrere Jahrzehnte war sein Name ein Synonym für die moderne Kunst schlechthin (»Picasso-Stil«). Der formale Erfindungsreichtum seines Werks beeinflußte das moderne Formempfinden und dessen dekorative Umsetzung in unabschätzbarer Weise. (Abb. 70)

Poli, Flavio * 1900 Italienischer Glaskünstler. Nach frühen keramischen Arbeiten wandte er sich bereits als junger Mann ganz der Glasgestaltung zu. 1936 wurde er Teilhaber der neu gegründeten Firma *Seguso Vetri d'Arte* in Murano, deren künstlerische Produktion er bis 1963 bestimmte. Während dieser Zeit wurden Flavio Poli zahlreiche Preise verliehen, darunter der → *Compasso d'oro*, mehrfach der *Gran Premio* der Mailänder Triennale und der *Grand Prix* der Brüsseler Weltausstellung von 1958. Seine Glasobjekte stellen neben einer Reihe skandinavischer Produkte – z.B. von Tapio → Wirkkala und Timo → Sarpaneva – einen Höhepunkt dieses Bereichs dar. (Abb. 80)

Pollock, Jackson 1912–1956 Amerikanischer Maler. Gilt als bedeutendster Künstler des *Action Painting*, einer vehementen und spontanen Malweise. In großen Bögen und Schwüngen tropfte, verspritzte oder schleuderte er flüssige Farben auf oft riesige Leinwände. Die so entstandenen »Farbgespinste« bilden Spuren einer malerischen Improvisation, die zugleich auch klassische Fragen der Malerei, z.B. die der Bildkomposition, neu stellen. (Abb. 54)

Ponti, Gio 1891–1979 Italienischer Architekt und Fachjournalist. Gründete 1926 die Zeitschrift *Domus,* die er jahrzehntelang leitete.

1927 beteiligte sich Ponti aktiv an der Bewegung der neuen italienischen Architektur und wurde 1936 Professor am Mailänder Polytechnikum. Zu den von ihm konzipierten Bauten zählen u.a. die
Montecatini-Büros, der *Pirelli*-Turm – in Zusammenarbeit mit
→ Nervi u.a. – und das Hospital von Mailand. Außerdem zahlreiche andere gestalterische Tätigkeiten, z.B. Ausstattung von Oze-
andampfern – *Andrea Doria* –, Mitarbeit in urbanistischen Pla-
nungsgruppen – Bagdad –, Bühnenbilder usw. Besonders durch
die der Entwicklung von Kunst, Architektur und Design seit 1928
gewidmeten Zeitschrift *Domus* war Ponti von großem, z.T. umstrit-
tenen Einfluß auf die moderne italienische Situation. Seine ent-
werferische Arbeit für die Industrie wurde 1954 mit dem → *Compasso d'oro* ausgezeichnet. (Abb. 66)

Presley, Elvis 1935–1977   Amerikanischer Sänger und Gitarrist.
Presley nahm 1953 seine erste Schallplatte auf und hatte ab 1955
weltweiten Erfolg als Rock'n'Roll-Sänger. Mit mehreren hundert
Millionen verkaufter Platten wurde er für Jahrzehnte zum Inbegriff
des romantischen, aber eigenwilligen jungen Mannes und fand
jugendliche Bewunderer in der ganzen Welt. Presley spielte diesen Typ auch in vielen Musikfilmen. Er gehört zu den »Erfindern«
einer neuen jugendlichen Identität, die in den 50er Jahren erstmals
mit der bürgerlichen Autoritätsvorstellung brach und – nicht nur
musikalisch – eine anhaltende gesellschaftliche Veränderung ein-
leitete. (Abb. 49)

Rams, Dieter * 1932   Deutscher Designer. Studierte Architektur
an der Werkkunstschule Wiesbaden und entwarf ab 1955 hauptsächlich zahlreiche Geräte der Firma → *Braun*, deren gesamtes
Programm von ihm und den Designern → Gugelot und → Eichler
maßgeblich bestimmt wurde. Sein Werk wurde wiederholt mit
Preisen ausgezeichnet und befindet sich in allen wichtigen Design-Sammlungen. (Abb. 135)

Romano, Augusto * 1918   Italienischer Architekt und Designer.
Studierte Architektur in Turin, wo er später ein eigenes Büro eröffnete, das ab 1949 die ersten Bauaufträge übernahm. Romanos Möbelentwürfe entstanden vor allem in der Zeit von 1946 bis 1950. Er
experimentierte mit einfachen, z.T. werkzeuglos montierbaren
Konstruktionen und Möbelsystemen. Sie wurden, bis auf wenige
Ausnahmen, aber nie in Serie gebaut. Romanos Modelle, die 1948

auch in der *International Competition for Low Cost Furniture* des Museum of Modern Art in New York gezeigt wurden, sind ein typisches Beispiel für den Einfallsreichtum und die Funktionsbestimmtheit des Design der 50er Jahre.

Saarinen, Eero 1910–1961 Finnisch-amerikanischer Architekt und Designer. Studierte um 1930 Bildhauerei in Paris und arbeitete 1936–1950 im Architekturbüro seines Vaters in den USA. 1950 gründete er sein eigenes Büro, das zahlreiche, international richtungsweisende Bauten realisierte, darunter das *General Motors Technical Center* und das *TWA Terminal.* Als Designer schuf Saarinen, der bereits 1941 zusammen mit → Eames einen Preis für Möbelentwürfe des Museum of Modern Art in New York gewonnen hatte, mehrere Objekte »skulpturalen« Charakters. Besonders seine *Pedestal Furniture* wurde international kopiert. »Ich wollte mit dem Durcheinander der Stuhl- und Tischbeine aufräumen... der Stuhl soll wie eine Plastik im Raum stehen und seinem Benutzer schmeicheln – besonders wenn es eine Frau ist...« (Saarinen). (Abb. 62, 118)

Sagan, Françoise (eigentl. Françoise Quoirez) * 1935 Französische Schriftstellerin. Bereits ihr erster Roman – *Bonjour Tristesse* –, den sie als 19jährige veröffentlichte, kennzeichnete sie als Stimme einer neuen Generation, die weniger durch das Kriegserlebnis desillusioniert als prinzipiell illusionslos war. Der große Erfolg der Sagan-Romane, z.B. *In einem Monat, in einem Jahr* oder *Lieben Sie Brahms?* war auf die Literatur der späten 50er Jahre von großem Einfluß.

Sandberg, Willem * 1897 Holländischer Grafiker und ehemaliger Museumsleiter. Nach dem Studium der Psychologie in Utrecht und Wien Arbeit als Grafiker. 1932–41 Präsident des Organisationskomitees des *Stedelijk Museum*, Amsterdam, dessen Direktor er von 1955–68 war. Sandberg, der neben seiner typografisch und gestalterisch einflußreichen grafischen Arbeit auch der Künstlergruppe COBRA zur Anerkennung verhalf, entwickelte vor allem mit seiner Konzeption des *Stedelijk Museum* einen völlig neuen Präsentationsstil, der für die museale Vermittlung moderner Kunst zum internationalen Vorbild wurde. Seine langjährige Aktivität wurde mit vielen Auszeichnungen verschiedenster Art geehrt.

Sarpaneva, Timo Tapani * 1926   Finnischer Designer. Sarpaneva zählt zu den universellsten Designern Skandinaviens. Er entwarf ebenso Textilien und Keramik wie Briefmarken oder Metall- und Glasobjekte und arbeitete für eine Vielzahl europäischer Firmen. Seit 1948 wurden seine Entwürfe international ausgestellt und mit zahlreichen Preisen geehrt. Sie finden sich in fast allen bedeutenden kunstgewerblichen Sammlungen der westlichen Welt. (Abb. 79)

Sottsass, Ettore * 1917   Italienischer Architekt, Designer und Maler. Eröffnete nach dem Studium am Mailänder Polytechnikum 1947 ein eigenes Atelier, das vor allem Architekturaufträge realisierte. Ab 1959 war er für die Gestaltung der → *Olivetti*-Büromaschinen verantwortlich und damit – wie vor ihm → Nizzoli – auf diesem Sektor international einflußreich und mit mehreren Preisen, darunter wiederholt mit dem → *Compasso d'oro*, ausgezeichnet. Ähnlich wie im Werk von Marco → Zanuso ist bei Sottsass die Ästhetik ein dem »System« des Objekts integrales Element. (Abb. 30)

Steinert, Otto 1915–1978   Deutscher Fotograf. 1948 wurde Steinert, der seit 1940 als praktischer Arzt tätig gewesen war, Lehrer für Fotografie in Saarbrücken. Bekannt wurde er neben seiner eigentlichen fotografischen Arbeit vor allem durch den von ihm geprägten Begriff *Subjektive Fotografie,* mit dem er zuerst 1951 eine Ausstellung in Saarbrücken überschrieb. Dieser Begriff wurde zur Sammelbezeichnung für eine ästhetisch und durch die technischen Möglichkeiten der Fotografie bestimmte Bildsprache der 50er Jahre. In ihr dominierten individuelles Sehen und chemisch-technische Manipulation des Fotomaterials. Steinert wurde als Initiator dieser Bewegung international ausgezeichnet und gewürdigt. (Abb. 47)

Stockhausen, Karlheinz * 1928   Deutscher Komponist. Stockhausen zählt – wie z. B. → Boulez oder → Nono – zu den international bedeutenden Vertretern der in den frühen 50er Jahren entstandenen *Neuen Musik.* Auf seriellen musikalischen Prinzipien aufbauend, hing sie eng mit der Entwicklung elektronischer Klänge zusammen. Neben zahlreichen internationalen Aufführungen seiner Kompositionen wirkte Stockhausen seit 1953 als Dozent und gründete 1963 die Kölner *Kurse für Neue Musik.* Sein Schaffen hatte auf die musikalische Entwicklung der Nachkriegszeit weitreichenden Einfluß und erlangte sogar eine gewisse Popularität.

Tinguely, Jean * 1925　Schweizerisch-französischer Bildhauer. Seit 1951 in Paris lebend, wurde er ab Mitte der 50er Jahre – wie Yves → Klein – zu einem wichtigen Vertreter des *Nouveau Réalisme*. Charakteristisch für sein Werk sind seine kinetischen Phantasiemaschinen und absurden Malapparate, die oft auf ebenso brutale wie poetische Weise die Perfektion des Maschinenzeitalters parodieren.

Uhlmann, Hans 1900–1976　Deutscher Bildhauer. Ausgehend von seinen konstruktivistischen Metallplastiken während der 30er Jahre, gelangte sein Werk in den 40er Jahren zu immer stärkerer formaler Dynamik. Seine ebenso präzisen wie bewegten Metallskulpturen sind, ähnlich wie die von → Domela, ein deutliches Beispiel für die veränderte plastische Formensprache der 50er Jahre. Uhlmanns Werk gewinnt zunehmend an Bedeutung als der vielleicht wichtigste deutsche Beitrag zur internationalen Skulptur der Nachkriegszeit, nachdem es lange unterbewertet schien. (Abb. 9, 16)

Wagenfeld, Wilhelm * 1900　Deutscher Formgestalter. Studierte u. a. 1922–25 am → *Bauhaus* und begann 1929 seine Zusammenarbeit mit dem *Jenaer Glaswerk Schott & Gen.*, für das er mehrere Entwürfe realisierte, die zu den oft zitierten Design-Klassikern zählen. 1931–35 Professor der Kunsthochschule Berlin, 1935–39 Direktor der *Vereinigten Lausitzer Glaswerke* und 1947–49 Professor an der Berliner Hochschule für Bildende Künste. Seit 1954 eigenes Atelier für industrielle Formgebung in Stuttgart. Wagenfeld, der auf eine der längsten kontinuierlichen Karrieren in diesem Metier zurückblickt und zu dessen authentischsten, industriell orientierten Vertretern gehört, ist außerdem seit 1958 Mitherausgeber der Zeitschrift *Form*. Beispiele seiner Arbeit, besonders aus den frühen Jahren, finden sich u. a. in der Design Collection des Museum of Modern Art in New York. (Abb. 134)

Wegner, Hans * 1914 Dänischer Architekt und Designer. Ab 1941 Möbelentwürfe für die Firma Hansen, die – neben der Popularisierung von Teakholz als Möbelwerkstoff – zur internationalen Anerkennung dänischer Interieurgestaltung beitrugen. Außerdem entwarf Wegner u. a. Tapeten, Leuchten und Silberobjekte. 1969 übernahm die Firma → *Knoll International* den Vertrieb der Wegner-Möbel, deren Prototypen seit längerem in Design-Sammlungen stehen, z. B. in der des Museum of Modern Art, New York.

Wirkkala, Tapio * 1915 Finnischer Designer und Innenarchitekt. 1946 gewann er den Preis der Glasfabrik Iittala für seine Skulpturen. Sein 1951 für die Mailänder Triennale entworfener finnischer Pavillon fand große internationale Beachtung und wurde mit dem *Großen Preis* ausgezeichnet. Danach zahlreiche Entwürfe, vor allem Glasobjekte, aber auch Lampen, Bestecke usw. Neben seinem ebenfalls für Iittala tätigen Landsmann → Sarpaneva ist Wirkkala einer der einflußreichsten finnischen Entwerfer; seine Glasarbeiten finden sich in der internationalen Sammlungen. (Abb. 94)

Wright, Frank Lloyd 1869–1959 Amerikanischer Architekt. Machte sich 1894 selbständig und konzipierte – von der klassischen japanischen Architektur beeindruckt – Bauten, die architektonisch den Gegebenheiten von Landschaft, Funktion und Material folgten. Einflußreich waren vor allem seine *Prairie-Häuser*, das *Haus über dem Wasserfall* in Bear Run, Penn., sowie seine Wohn- und Fabrikbauten. Wrights Schaffen war bereits klar formuliert, als die architektonische Revolution Europas um 1920 erst begann bzw. manche der großen Architekten von heute gerade geboren wurden. Sein letzter großer, vielleicht bekanntester Bau ist das spiralförmige Guggenheim-Museum in New York von 1959. (Abb. 60, 61)

Zanuso, Marco * 1916 Italienischer Entwerfer, Architekt und Journalist. Wie verschiedene seiner bedeutenden Kollegen – u. a. → Sottsass oder die Gebrüder → Castiglioni – Absolvent des Mailänder Polytechnikums, ist Zanuso für seine vielfältige gestalterische Arbeit bekannt. Neben Architekturaufgaben – u. a. die → *Olivetti*-Fabriken in Südamerika – widmete sich Zanuso dem Produkt-Design. Zu seinen bekanntesten Arbeiten zählen u. a. die *Brion Vega*-TV- und Radiogeräte, die *Necchi*-Nähmaschine und das *Grillo*-Telefon. Zwischen 1956 und 1970 wurde er für diese und andere Entwürfe, die auch in der Design Collection des Museum of Modern Art in New York stehen, fünfmal mit dem → *Compasso d'oro* ausgezeichnet. Zanuso, auch journalistisch für die Zeitschriften *Domus* und *Casabella* tätig, zählt neben dem jüngeren Bellini und Sottsass zu den Hauptvertretern des modernen italienischen Design.

erberto carboni 1952

nachweise

Zitate

1 *Them* (dt. Fassung *Formicula*), Regie Gordon Douglas, 1954
2 Karl Pawek, *Das Leben nach 45*, magnum 24, 1959
3 *This Fabulous Century*, Bd. VI, New York 1970
4 ebd.
5 Werner Haftmann, *Hans Uhlmann – Leben und Werk*, Berlin 1975
6 Karl Pawek, *Das Malheur mit der Schönheit*, magnum 10, 1956
7 Helmut Schelsky, *Die skeptische Generation*, Köln/Düsseldorf 1957
8 Karl Bednarik, *Die schrecklich-schönen Masken der Technik*, magnum 10, 1956
9 Manfred Schmidt, *Nick Knatterton – Die Abenteuer des berühmten Meisterdetektivs*, Reinbek bei Hamburg 1977
10 magnum 18, 1958
11 Madge Garland, *The changing world of fashion*, New York 1970
12 *Modern Publicity 1949*, London/New York 1949
13 magnum 25, 1959
14 Photokina-Katalog, Köln 1956
15 Karl Pawek, Katalog *Otto Steinert und Schüler*, Frankfurt 1962
16 *This Fabulous Century*, Bd. VI, New York 1970
17 Stern magazin 14, 1977
18 Wilhelm Stein, *Kulturfahrplan – Von Anbeginn bis 1963*, Berlin 1968
19 *Innendekoration – Architektur und Wohnform* 4, 1955/56
20 Werner Haftmann, *Hans Uhlmann – Leben und Werk*, Berlin 1975
21 *DuMont's Bild-Lexikon der Kunst*, Köln 1976
22 Sam Hunter, Katalog *Jackson Pollock*, New York 1956/57
23 magnum 17, 1958
24 Otto Piene, *Wege zum Paradies*, ZERO 3, Düsseldorf o. J.
25 DER SPIEGEL, 13, 1977
26 *Eero Saarinen on his work*, New Haven 1962
27 Jakob Müller, in: *Möbel und Räume*, Erlenbach-Zürich 1957
28 Paul Reilly, Katalog *Formschaffen in England*, Zürich 1953
29 Alexander Koch, *Die Wohnung für mich*, Stuttgart o. J.
30 Walter Borchers, Katalog *Künstlerisches Schaffen, industrielles Gestalten – Künstler um die Tapetenfabrik Rasch*, Osnabrück 1956
31 Alexander Koch, *Die Wohnung für mich*, Stuttgart o. J.
32 Ruth H. Geyer-Raack/Sibylle Geyer, *Möbel und Raum*, Berlin 1955
33 magnum 17, 1958
34 Arthur Drexler, Katalog *The Design Collection – Selected Objects*, New York 1970
35 magnum 25, 1959
36 magnum 15, 1957
37 Teo Ducci, *Neue Formen in Italien?*, Katalog *Forme nuove in Italia*, Zürich 1954
38 Bevis Hillier, *Austerity Binge, The Decorative Arts of the Forties and Fifties*, London 1975
39 Gio Ponti, *Institute d'Esthétique Industrielle*, Paris 1957
40 Karl Pawek, *Das Leben nach 45*, magnum 24, 1959
41 Wend Fischer, Katalog *Form – nicht konform, 20 Jahre Braun Design*, Essen 1976

215

Bibliografie

Aloi, Roberto: Esempi di arradamento moderno di tutti il mondo – Tavoli, tavolini, carrelli, Mailand 1953, Seconda serie, Mailand 1955

Aloi, Roberto: Esempi di decorazione moderna in tutto il mondo – Illuminazione d'oggi, Mailand 1956

Angewandte Kunst aus Dänemark, Kat. Kunstgewerbemuseum Zürich 1952

Bode, Paul: Kinos – Filmtheater und Filmvorführräume, München 1957

Brandt, Bill: Perspective of Nudes, London 1961

Bruckmann, Alfred: Die Schöne Wohnung, München 1959

Carboni, Erberto: Exhibitions and Displays, Mailand 1959

Carboni, Erberto: Pubblicità per la radiotelevisione, Mailand 1959

Decorative Art, The Studio Yearbook of Furnishing & Decoration 1953–1954, Bd. 43, London 1954

The Design Collection – Selected Objects, Kat. Museum of Modern Art, New York 1970

Documents de Décoration 1953 – Intérieurs, Mobilier, Aménagements, Paris o. J.

DuMont's Bild-Lexikon der Kunst, Köln 1976

Form – nicht konform, 20 Jahre Braun Design, Kat. Haus Industrieform, Essen 1976

Forme nuove in Italia, Kat. Kunstgewerbemuseum Zürich 1954

Forme nuove in Italia – Stile forma colore nell'artigianato e nell'industria, Rom 1957

Formschaffen in England, Kat. Kunstgewerbemuseum Zürich 1953

Garland, Madge: The changing world of fashion, New York 1970

Gestaltete Industrieform in Deutschland, Düsseldorf 1954

Geyer-Raack, Ruth/Geyer, Sibylle: Möbel und Raum, Berlin 1955

Gruber, L. Fritz: Antlitz des Ruhmes, London/Köln 1960

Gruber, L. Fritz: Große Photographen unseres Jahrhunderts, Darmstadt 1964

Haftmann, Werner: Hans Uhlmann – Leben und Werk, Berlin 1975

Hillier, Bevis: Austerity Binge – The Decorative Arts of the Forties and Fifties, London 1975

Holzbach, Wilfriede: Keramische Fliesen, Bonn 1956

Industrial Design in America 1954, New York 1954

Italy – The New Domestic Landscape, Kat. Museum of Modern Art, New York 1972

Joie et beauté dans la maison: Le décor d'aujourd'hui, Bd. 10, Paris 1956

Kettiger, Ernst/Vetter, Franz: Möbel und Räume, Erlenbach-Zürich 1957

Koch, Alexander: Neuzeitliche Leuchten, Stuttgart o. J.

Koch, Alexander: Die Wohnung für mich, Stuttgart o. J.

Künstlerisches Schaffen – Industrielles Gestalten, Künstler um die Tapetenfabrik Rasch, Kat. Städtisches Museum Osnabrück 1956

magnum – Die Zeitschrift für das moderne Leben, Nr. 10–25, Wien/Köln 1954–59

Mobili e interni di architetti italiani, selezione dalla rivista Domus, Mailand 1952

Modern Publicity 1949, London/New York 1949

Noblet, Jocelyn de: Design – Introduction à l'histoire de l'évolution des formes industrielles de 1820 à aujourd'hui, Paris 1974

Pollock, Jackson, Kat. Museum of Modern Art, New York 1956

Richter, Margarete: Raumschaffen in unserer Zeit – Neue Bilder aus Häusern und Gärten, Tübingen 1955

Eero Saarinen on his work, New Haven 1962

Schelsky, Helmut: Die skeptische Generation, Köln/Düsseldorf 1957

216

Schmidt, Manfred: Nick Knatterton – Die Abenteuer des berühmten Meisterde-
tektivs, Reinbek bei Hamburg 1977
Stein, Wilhelm: Kulturfahrplan – Von Anbeginn bis 1963, Berlin 1968
Otto Steinert – Der Initiator einer fotografischen Bewegung, Kat. Museum
Folkwang, Essen 1977
Otto Steinert und Schüler, Kat. Göppinger Galerie, Frankfurt 1962
This Fabulous Century, 1950–60, Bd. VI, New York 1970
Tibus, Irene von: Interieurs, Köln 1960
Witzemann, Herta-Maria: Deutsche Möbel heute, Stuttgart 1954
ZERO, Bd. 3, Düsseldorf o. J.

Fotos

Carl Auböck, Wien 95; Bele Bachem, München 93; Luciano Baldessari, Mailand 12,
15, 59, 75, 76; Saul Bass & Associates, Los Angeles 44; Bill Brandt & Co., London 45,
46; Rudolph Burckhardt, New York 54; Erberto Carboni, Mailand 10–12, 53 sowie
Vignetten im Text; Chargesheimer-Archiv, Köln 2; Hermann Claasen, Köln 1; The
Condé Nast Publications Inc. (special permission), New York 42; César Domela, Pa-
ris 52; Museum Folkwang, Essen 55; Philippe Halsman, New York 19; Fritz Hansens
EFT., Allerød 114; Georg Jensen, Kopenhagen 31; Knoll International, Murr
116–118; Royal Leerdam, Leerdam 56, 77, 78, 84, 85, 92; Gianni Martini, Genua (hin-
tere Umschlagklappe); Herman Miller AG, Basel 107, 119, 121; The Solomon R.
Guggenheim Museum, New York 60, 61; Olivetti, Mailand 30, 67, 132; Flavio Poli,
Venedig 81; Politecnico di Torino, Turin 113, 122; Gio Ponti, Mailand 66; Rat für
Formgebung, Darmstadt 17, 80, 82–84, 86–88, 90, 91, 94, 96–98, 100, 104, 105, 115,
120, 123–125, 129–131, 133–136; Mario Federico Roggero, Turin 63, 64, 112; Timo
Sarpaneva, Helsinki 79; Otto Steinert, Essen 47; Gebr. Thonet AG, Frankenberg
109, 110; Time-Life Picture Agency, New York 138; Kunsthalle Tübingen/Slg. Zun-
del, 108; Hildegard Uhlmann, Berlin 9, 16; Ullstein Bilderdienst, Berlin 5, 7, 18, 27,
48, 49, 58, 72, 73, 137; UNESCO, Paris 69–71; Collection Viollet, Paris 8, 23, 29, 32,
33; Charles Wilp, Düsseldorf 57, 59; Anton Wolff, Köln 89. Alle übrigen: Archiv des
Autors.

Index

Art Deco 1920–1940

Formen zwischen zwei Kriegen

260 Seiten mit 8 Farbtafeln und 190 einfarbigen Abbildungen, 40 Zeichnungen, Bibliographie, Register (DuMont Dokumente)

»In einprägsamen Bildern und Texten, in erstaunlich lebendiger Aufmachung entsteht hier ein Kaleidoskop aus den zwanziger, dreißiger und frühen vierziger Jahren: Plastiken, Objekte, triviale Alltagsgegenstände, Plakate, Fotografien. Dabei zeigen sich auf anschauliche Weise die verschiedenen sozialen und künstlerischen Querverbindungen der Zwischenkriegszeit. Ein gut gemachtes Buch.« *Westfälische Rundschau*

Bitte beachten Sie auch folgende Veröffentlichungen aus unserem Verlag:

Jugendstil
Kunstformen zwischen Individualismus und Massengesellschaft
Von Gabriele Sterner. 189 Seiten mit 20 farbigen und 73 einfarbigen Abbildungen, Bibliographie, Namensregister (DuMont Taschenbücher, Band 25)

Bauhaus und Bauhäusler
Erinnerungen und Bekenntnisse
Herausgegeben von Eckhard Neumann. 396 Seiten mit 70 einfarbigen Abbildungen, ausführlichen Biographien, Quellennachweis, Register
(DuMont Taschenbücher, Band 167)

Künstlerschriften der 20er Jahre
Dokumente und Manifeste aus der Weimarer Republik
Herausgegeben von Uwe M. Schneede. 352 Seiten mit 108 einfarbigen Abbildungen, Zeichnungen und Faksimiles, Literaturauswahl, Register, Zeittafel
(DuMont Dokumente)

Die bildenden Künste im Nationalsozialismus
Kulturideologie – Kulturpolitik – Kulturproduktion
Von Reinhard Merker. 370 Seiten mit 140 einfarbigen Abbildungen, zahlreichen tabellarischen Übersichten, kritischem Literaturbericht sowie ausführlichem Sach- und Personalregister (DuMont Taschenbücher, Band 132)

Design-Geschichte in Deutschland
Produktkultur als Entwurf und Erfahrung
Von Gerd Selle. 350 Seiten mit 20 farbigen und 189 einfarbigen Abbildungen, Bibliographie, Register (DuMont Dokumente)

Wegbereiter moderner Formgebung von Morris bis Gropius
Von Nikolaus Pevsner. Mit einem Vorwort von Wolfgang Pehnt. Die vom Autor 1960 und 1975 in der Originalausgabe vorgenommenen Ergänzungen wurden von Antje Pehnt übersetzt. 264 Seiten mit 147 einfarbigen Abbildungen, Register (DuMont Taschenbücher, Band 137)

Geschichte des Auto-Design
Von Joachim Petsch. Unter Mitarbeit von Wiltrud Petsch-Bahr. 229 Seiten mit 28 Farb- und 148 Schwarzweiß-Fotos, Literaturhinweisen, Übersicht über die Geschichte des Auto-Design in Stichworten
(DuMont Taschenbücher, Band 119)

Eigenheim und gute Stube
Zur Geschichte des bürgerlichen Wohnens
Von Joachim Petsch. Unter Mitarbeit von Wiltrud Petsch-Bahr. 288 Seiten mit 104 einfarbigen Abbildungen (DuMont Taschenbücher, Band 218)

DuMont Taschenbücher